한국교육정책 형성과정에서의
# 국가주도성에 대한
# 비판적 고찰

# 한국교육정책 형성과정에서의
# 국가주도성에 대한
# 비판적 고찰

박 준 형

한국학술정보㈜

# 교육문제연구소 총서 간행사

본 연구소는 1972년 11월 1일 고려대학교 부설 연구기관으로 창립된 이래, 한국 교육문제 전반에 걸친 이론과 실제에 관한 연구를 통하여 한국 교육문제의 해결과 교육의 질 향상을 위해 노력해 왔습니다.

이러한 노력의 일환으로 본 연구소는 교육학의 학문적 발전을 도모함과 동시에 연구자들의 연구역량을 강화하기 위해 총서간행을 추진하게 되었습니다. 본 연구소 총서는 연구총서, 번역총서 및 한국교육학 총서의 3가지로 구분하여 발간됩니다.

연구총서는 비록 사회적 수요가 많지 않더라도 한국 교육학의 학문적 수준을 높이기 위하여 반드시 필요하다고 인정되는 연구물을 발행하며, 번역 총서 역시 연구총서와 동일한 취지에서 외국어로 된 독창적이고 우수한 연구물을 번역하여 발행합니다.

한국교육학총서는 외국 교육학이론의 한국적 토착화를 시도한 연구물, 자생적 한국교육이론과 실제에 관한 연구물, 그리고 한국의 전통적 혹은 현대적 교육현상과 실제에 관한 연구물로써 독자들에게 보디 친근하게 읽힐 수 있는 분량으로 발행합니다.

이번에 발행된 총서들은 2006년도에 시행된 1차 총서사업의 결과물입니다. 그간 총서의 기획과 성공적인 시행을 위해 기울인 한용진

전임소장의 노고를 크게 치하하는 바입니다. 그리고 오늘의 알찬 결실이 있기까지 아낌없이 본 연구소를 지원해준 사범대학 강선보 학장을 비롯한 교육학과 교수 및 관계자 여러분께 감사드립니다. 특히 연구소 총간사 겸 총무기획부장 김영래 박사와 연구학술부장 정동화 박사, 그리고 저·역자들의 노고가 지대하였음을 밝힙니다.

2008년 2월 29일
고려대학교 교육문제연구소 소장   권 대 봉

# 서 문

본서는 한국의 교육정책이 형성되는 과정에 대해 J. Habermas의 절차적 민주주의 이론을 바탕으로 검토한 글이다. 한국에서 통용되는 교육정책 개념과 그 형성과정의 특징을 살피면서 기저에 놓인 한국교육정책의 국가주도성이라는 신화를 포착했다. 그리하여 본서에서는 국가와 교육영역－교육정책을 담당하리라 기대되는 본래의 영역－이 평화로이 공존할 수 있는 방향을 모색해 보았다.

필자의 지적인 일천함 탓에, 애초에 먹은 맘처럼 투철한 실험정신에 입각한 다각도의 교육정책 형성과정에 대한 비판은 결국 이뤄내지 못했다. 그러나 미약한 시작으로 심히 창대한 끝을 기약하며 일단 아쉬운 마음을 가다듬는다. 부족한 필자를 학문의 세계로 이끌어주신 김형관 교수님, 박남기 교수님, 김경근 교수님, 신현석 교수님께 감사드린다. 그리고 부모님이라는 이름으로 온갖 희생을 감수하시는 박두재 님과 임영애 님, 황병숙 님께도 고마움을 전달해야겠다. 본서를 쓰는 동안 영문도 모른 채 엄마의 부재를 의젓하게 받아들이곤 했던 사랑하는 아들 창한이에게도 이 자리를 빌어 고맙다는 말을 전한다.

2008년 2월
서사 박준형

# 목 차

사람들은 하나같이 얻는 것을 좋아하고
잃는 것을 싫어한다.
그러나 전 생애의 과정을 통해
어떤 것이 참으로 얻는 것이고 잃는 것인지
내다볼 수 있어야 한다.
때로는 잃지 않고는 얻을 수가 없다.
전체가 되기 위해서는
일단 무無가 되어야 한다.

· 법정, 「하루 한 생각 17」

**◀ I ▶**

## 논의를 시작하며: 위기에 처한 한국교육

위기(crisis)란 '위험한 고비나 시기'를 가리킨다. 그렇다면 한국교육현실은 위험한 시기에 놓여 있는가라는 의문이 제기될 수 있다. 이런 의문에 대해 대답하는 기준은 다양할지나 필자는 다음과 같은 기준을 동원해 보았다. 한국교육현실 속에서 교육적 삶을 영위하는 사람들이 제 역할을 잘 하기 위해 어려움이 없는지, 공식적 교육정책이 그 사람들의 교육적 삶의 상대와 자연스럽게 무합될 수 있는지, 그리하여 그들의 교육적 삶이 현재의 행복과 미래의 비전 위에 놓여 있는지가 그것이다.

여기서 한국교육현실에서 교육적 삶을 영위하는 사람들이 누구인지 규정해야 하는 문제가 생긴다. 일단 한국교육현실을 이끌어 가는 사람들로는 교육정책을 민드는 정부관료들(지방 교육청 관료를 포함), 단위학교행정가, 단위학교 교사, 학생, 학부모, 예비 교육대상자 등을 들 수 있겠다. 이는 다시 기존의 논의방식에 터하자면 정책형성 및 집행집단과 정책수혜집단으로 구분될 수 있겠다. 필자는 양 집단을 이분법적으로 구분하는 것에 대해 비판적 입장에 서 있음에도 불구하고 일단 이 구분을 수용하는 것은 앞으로 교육영역과 기존의 정책형성 및 집행집단을 대표하는 의미로서의 국가 간 평화로운 공존을 위해 국가중심의 신화를 극복할 수 있는 주체로서 교육영역의 사람들을 강조하고자 하는 의도가 있다. 그리하여 본고에서 교육적 삶을 영위하는 사람들은 공식적 교육정책의 대상이 되어 그것과의 부합성 여부를 따져야 하는 사람들로 삼을 것이다. 한국교육현실 속에서 교육적 삶을 영위하는 사람들, 다시 말해 '교육영위자'로 개념화할 수 있는 이들은 일반적인 의미에서 교육수혜집단이다. '교육영위자'란 사회적 존재라는 의미에서의 개인, 개인 삶이 사회적 삶으로 표출되는 시민사회의 구성원으로서 시민 혹은 국가에 속한 사람들이라는 의미에서의 국민이며, 이러한 의미를 담으면서 특별히 교육영역의 특징을 부각시킬 수 있도록 '교육'이라는 접두어가 붙게 되는 사람들이다. 우리의 삶 자체가 '교육'이라 명명할 수 있는 행위들로 점철되어 있다는 입장까지 굳이 내세우지 않더라도, 오늘날 평생학습 사회에 돌입해 교육행정의 대상영역이 계속적으로 확대되고 있고, 생활환경 도처에서 각양의 연령대 사람들을 대상으로 하는 제도화된 교육활동이 전개되거나 심지어 더욱 팽창일로를 달리고 있음은 주지의 사실이다. 그러므로 지금, 여기를 살아가는 사람들, 즉 개인, 시민, 국민, 그 외에 공중이니 대중이라 불리는 많은 사람들은 진행 중이거나 잠재적인 교육활동의 영위자이다. 덧붙여 교육영위자들이 영위하고자 하며, 영위할 권리가 있는 '교육적 삶'에 대해서는 가르치고 배우는 삶이라는 포괄적이며 단순한 정의로 시작할 것이다. 교육적 활동에서 확실한 특징 중 하나는 인쇄매체나 영상매체 속 인물이나 저자를 포함한 모든 사람들과의 다양한 관계가 전제되

며, 이들과의 소통 속에서 가르치고 배우는 일이 진행된다는 사실이
다. 이런 광범위한 정의는 지나치게 상식적, 비전문적 취향일지나,
'교육'이라는 개념을 '삶'의 수식어로 등장시키기 위한 나름의 첫 시
도로서 의의가 있겠다.

  다시 원점으로 돌아가 그리하여 한국교육은 앞서의 대답기준에 따
라 위기에 처해 있는가의 문제에 대해 논해야겠다. 한국교육현실에
대한 위기적 특징을 종합하고 있는 임연기(2005: 78)는 이런 현상의
예로서 공교육의 부실징표인 사교육부문의 끝없는 확장, 교육이민,
교육계의 갈등심화, 내신부풀리기와 부정, 불법찬조금과 촌지, 수학
능력시험 출제오류, 휴대전화를 이용한 수학능력시험 부정행위, 대학
에서의 입학시험 부정, 왕따 같은 학교폭력, 학부모나 학생에 의한
교권침해 등을 들고 있다. 그리고 이러한 교육위기적 사태를 극복하
기 위해 정부는 다각도의 노력을 기울여왔다. 교원정년단축 정책이
나 사교육비 경감대책, 교원성과급, 두뇌한국 21정책, 학업성취도 평
가, 대학입학시험 제도개선 같은 굵직한 정책에서부터 촌지 수수교
사 징계수위 강화, 학교상담실 운영 및 경찰과의 연계 속에서 학교
폭력근절을 위한 캠페인 등 세부적인 움직임이 그것이다. 이상의 정
부노력들의 공통점은 목적과 그 목적 달성의 수단에 대한 숙고 끝에
선택된 합리적 도구적 합리성을 지향한 행위 즉, 효율성을 높이고자
하는 정책들이다. 그런데 정부가 교육영역의 효율성을 높일 수 있을
것으로 판단한 일련의 교육정책들의 결과는 개별 정책에 대한 연구
결과를 통해 보거나 후하게 주변의 평가를 보더라도 오히려 학교구
성원 및 국민들의 정부정책에 대한 불신과 회의, 교원수급의 차질,
시민단체나 학부모단체의 정책에 대한 반발, 심지어 학생들의 집단
행동유발 등이었다. 정부의 노력에 대한 불신, 반발, 집단행동 등의
대응은 교육영위자의 제 역할의 하나일 수는 있다. 공식적 정책에

대한 지지나 찬성표시가 교육영위자의 긍정적 역할 수행이라면 저항
이나 불신 역시 교육영위자의 적극적인 부정적 역할 수행의 하나이
기 때문이다. 그러나 교육영위자의 정책에 대한 부정적 역할 수행의
심화는 교육영위자들의 삶의 양태와 공식적 교육정책이 자연스럽게
부합되고 있지 않다는 의미이며, 그들의 교육적 삶이 행복과 미래의
비전 위에 놓여 있다고 볼 수 없게 만드는 징표이다. 이런 의미에서
학교교육은 위기에 처해 있으며 이러한 교육위기는 교육영위자들의
삶의 세계를 위협하고 나아가 정부로 하여금 역할한계에 직면시킬
개연성이 다분하다.

  그리하여 본고에서는 이러한 한국교육의 위기상황에 대해 교육정
책 형성과정의 민주화, 교육정책의 정당화에 초점을 맞춰 위기극복
의 방향을 가늠해 보고자 한다. 이는 교육적 삶의 영역이 추구해야
할 국가[1])에 대한 상대적 자율성과 맞물려 논의될 것이다. 앞으로의
사회 및 정책환경은 과거보다 훨씬 복잡하고 불확실성이 높아질 것
이라는 전제하에서 한국의 교육정책이 1970~1980년대를 거치면서
국가 중심, 관료중심적 효율성 논의를 강조하면서 성공적으로 사회
및 교육발전을 관리해 올 수 있었다고 해서, 탈현대사회로 진입한
앞으로의 사회에서도 그럴 수 있으리라 기대해서는 안 된다는 김영
평·최병선(1993)의 주장은 이 시점에서 염두에 두어야 할 것이다.
효율성 추구라는 정책방향에 의해 국가중심의 정책형성, 국민적 합
의의 배제, 시장경제적 대안제시 등은 교육본질을 훼손시킴과 동시
에 교육정책에 대한 국민적 정당성을 확보하지 못함으로써 종국에는
오히려 효율성을 담보해 내지 못하는 상황이 생기며 교육의 위기상

---

1) 여기서 국가란 일반적인 정부의 의미로서 '공무원들이 근무하는 단체나
   기구를 비롯해 선출되거나 임명된 공무원들을 포함한다. 따라서 학교 행
   정가 및 교사들, 교육청, 교육부의 직원들, 대통령 산하단체나 국회의원
   등을 포함한다(Fowler, 2004: 9).'

황도 해소되기 어려울 것이라는 게 본고의 입장이다. 특히 논의의 주안점은 교육영역에서의 국가중심적 사고에 두어질 것이다. 한국에서 통용되고 있는 교육정책의 개념과 그 개념에 터한 교육정책 형성 과정에는 국가개입주의 혹은 국가우선주의, 국가교육주의(한숭희, 2005) 등으로 명명되는 국가중심적 사고가 내재되어 있다. 이는 산업자본주의와 함께 등장한 서구적 공교육체제 속에서 발아되어 한편으로는 효율성이라는 이름으로, 다른 한편 도덕적 인치(人治)라는 한국의 유교적 전통과 근대교육이 도입될 당시의 식민지배 상황 및 이후 독재권력 하에서 권위주의적 행정의 여파로 당연시되어 오고 있다. 이러한 교육영역에서 국가를 중심에 두는 사고는 나아가 문민정부 이후 한국사회에 자리잡게 된 신자유주의적 교육정책에도, 이를 비판하면서 국가에 대항하는 공동체주의자들의 주장에도 내재된 하나의 신화이다[2]. 이런 신화가 고도로 정보화되는 탈현대사회 속에서, 사회민주화를 계기로 성장한 시민운동의 활성화 속에서, 후기 자본주의 사회에서 감당하기 어려울 정도로 과부하된 국가의 역할 속에서 탈신화해야 할 시점에 와 있다. 국가에 대한 교육영역의 상대적 독립성을 확보해 국가와 교육영역의 역할이 상보적, 상생적 관계

---

2) 교육정책에 대한 국가중심적 이해로는 교육정책 형성과정 상에 대두되는 문제의 해결방향을 두 가지로 나누게 한다. 첫째는 개인의 경제적 의미의 선택을 강조하면서 엘리드에 의한 정책결정 및 그 결정된 결과에 대한 국민의 수혜자적 권리를 내세우는 정책을 강조하거나, 둘째는 도덕성에 입각한 공동체형성을 주장하면서 국가에 대항하는 국민 다수의 정치적 참여를 요구하는 정책형성을 강조하게 되는 것이다. 이는 한편으로는 교육영역에 대한 경제/징지체계 논리에 의한 잠식을 정당화하고, 나른 한편 교육공동체의 과도한 정치지향성, 국가에 대한 과도한 영향력을 정당화한다. 이러한 대립은 국가 중심적 사고와 함께 근대 이성의 주체개념 속에서도 등장하게 되는 바, Descartes 이후 생각하는 주체의 명증성에 대한 신념은 주체-객체 관계를 상정하게 되고 이는 개인과 공동체의 관계를 화해할 수 없는 관계로 이끌게 되었다.

형성으로 나아간다면 교육영위자의 교육적 삶이 담보될 수 있을 것이며 국가의 교육정책 역시 충분한 정당성을 갖고서 효율성 추구로 나아갈 수 있게 될 것이다.

본서에서 한국교육정책의 국가중심성을 해부함으로써 한국교육위기 극복의 하나의 방향을 모색하고자 먼저 우리 사회에서 채택하고 있는 교육정책 개념을 되짚어 볼 것이다. 그리고 한국교육정책 형성과정 상의 특징을 기존 연구물을 통해 정리하고 교육정책의 국가주도성의 근거를 네 가지로 나누어 살핀 후 국가역할의 한계인식의 필요를 제시할 것이다. 그리하여 탈현대사회에서 한국교육의 위기는 결국 국가와 교육영역의 평화로운 공존을 통해 가능할 것임을 밝히게 될 것이다.

# 한국교육정책의 특징

　아래에서는 한국교육정책 형성과정의 특징을 찾아내기 위해 한국에서 통용되는 교육정책의 개념 속에 내재된 정의 상의 특징을 끌어내 보고, 기존 교육정책 형성과정 속에서 실제로 어떤 특징들이 있는지 기존 연구물을 통해 살펴보고자 한다. 미리 밝히자면 한국교육정책 형성과정의 특징, 그 특징이 빚어내는 문제점들은 이미 일반적으로 통용되는 교육정책의 개념 속에 내포되어 있다는 것이다. 그 개념은 국가중심적 사고를 수용하고 있으며, 그러한 사고는 교육영역에서 교육영위자의 위상을 왜곡시킨다.

# 1. 교육정책 개념상의 특징

한국의 교육정책형성의 기제(mechanism)가 갖는 특징을 찾기 위해서는 한국에서 교육정책을 정의하는 방식을 이해하는 것으로 시작해야 할 것이다. 교육정책의 개념 속에 내포된 의미는 교육정책 형성 및 집행과정의 근간이 되어 실제에 지대한 영향을 미치기 때문이다.[3]

우선 정책이라는 개념을 정의할 때, 김신복(1981: 6-7)은 '공공기관이 어떤 목표를 달성하기 위하여 의도적으로 선택한 행동의 주요 지침'이라고 하였고, 정정길(1988: 44)은 '바람직한 사회상태를 이룩하려는 정책목표와 이를 달성하기 위하여 필요한 정책수단에 대하여 권위 있는 정부기관이 공식적으로 결정한 기본방침'이라고 하고 있다. Lasswell과 Kaplan(1970: 71-75)은 '사회변동의 계기로서 미래탐색을 위한 가치와 행동의 복합체', '목표와 가치, 실제를 포함하는 고안된 계획'이라 하였고, Dror(1983: 12)는 '매우 복잡하고 동태적 과정을 통하여 주로 정부기관에 의해 만들어지는 미래지향적 행동지침을 말하며, 그것은 공식적으로는 최선의 가능한 수단을 동원하여 공익을 달성할 것을 목적으로 하는 것'이라 정의하고 있다.

---

3) 개념이란 어떤 감각적 인상이나 지각으로부터 추상화된 것으로 그 지각 결과나 정보를 전달하기 위해 사용되는 어떤 현상에 대한 상징이다. 즉 개념은 객관적으로 존재하는 사물이나 현상이 아니라, 그로부터 추출된 언어의 한 형태이다. 이 언어는 개념을 대표하는 도구로서 경험에 의미를 부여하고 사고를 조작하는 신비로운 마력을 지니고 있다(장상호, 1986: 7). 구체적으로 개념은 다음의 네 가지 기능을 수행한다. (1) 의사소통이나 생각의 근거가 된다. (2) 어떤 경험적 현상을 보는 방법, 즉 관점을 제공한다. (3) 어떤 경험적 현상을 분류하고 구조화하고 정리하고 그렇게 함으로써 일반화시키는 기능을 수행한다. (4) 이론의 벽돌 같아서 이론의 특성(혹은 틀)을 규정하게 해 준다(김윤섭, 2003: 91-92).

그 외에도 김윤섭(2003: 93)은 일반적으로 논의되고 있는 정책 개념들을 종합해 정책을 다음과 같이 정의내린다. 첫째, 어떤 우연적인 행동이 아니라 목적 또는 목표지향적 행동이다. 둘째, 정부관료들에 의해 취해지는 일련의 행동유형이나 행동과정을 포함한다. 셋째, 정부가 실제로 행하고 있는 것을 의미하며 행하고자 의도한 것은 포함되지 않는다. 넷째, 그 내용에 있어 적극적인 것이든 소극적인 것이든 모두 포함한다. 즉 특정문제에 대한 영향을 미지기 위해 적극적인 행동을 취할 수도 있으며, 아니면 어떤 행동은 취하지 않거나 아무섯도 하지 않기로 하는 소극적 결정까지도 포함한다. 다섯째, 법률에 근거하거나 권위적인 것이다. 즉 정책은 어떤 권위를 갖고 있기 때문에 잠재적으로는 합법적인 강제성을 갖게 된다. 박호근(2000: 12-14)은 기존의 정책에 대한 개념정의를 종합·분석해 주체는 대부분 정부이며, 성격은 강제적, 권위적이고, 형성과정은 정부에 의한 상호타협, 조정, 통제, 촉진을 통해 정부주도로 국민의 동의를 수합하여 이뤄진다고 결론내린다.

교육정책의 개념 역시 그 대상이 교육영역이라는 것 외에는 그 개념상의 국가중심적 특성은 별반 다르지 않다. 백현기(1964: 30)는 교육정책을 정치적 권력과정을 거쳐서 형성된 어떤 교육계획이 실현되는 인제의 과성이라 하였고, 김종철(1982: 680)은 사회적, 공공적, 조직적 활동으로시의 교육활동을 위하여 국가와 공공단체가 국민 또는 관련 주민의 동의를 바탕으로 하여 공적으로 제시하며, 정치적 권력을 동원하여 강제성을 가지며 수행하는 체계적, 목적지향적, 실제적인 기본방침 혹은 지침을 의미한다고 하였다. 그것은 교육활동의 목표, 수단, 방법 등에 관한 최적의 대안을 의도적, 합리적으로 선택한 것이며, 교육이념을 구현하기 위한 수단인 동시에 교육제도와 그 운영을 위한 대강을 제시하며 협의의 교육행정에 대해서는 그 지침이 된다고 정의하였다. 최돈민(1998: 2-3)은 교육정책은 정치적 권력과정을 거쳐 국가나 지방자치단체가 교육목표나 교육적 가치를 달성하기 위해 교육관련자집단을 대상으로 교육활동을 전개하는 기본적인 지침이나 방안으로 정리하고 있다. 박호근(2000: 16-17)은 교육정책에 대한 학자별 정의에서 공통점을 찾아 정리하고 있는바, 첫째, 정책의 주체를 국가 및 공공단체로 본다는 점, 둘째, 정책의 목적은 가치를 함축하고 있으며 당위적, 규범적 성격을 내포한다는 점, 셋째, 성격은 강제적이고 권위적인 방식으로 행사된다는 점이다. 특히 이 특징은 정책을 수행하는 주체가 공익성과 공공성을 확보하기 위해서 내린 불가결한 조치라는 점에서 연유되는 것이라 부연한다. 넷째, 정책의 결정과정과 방법은 주로 관련 당사자들 ― 이는 각 부처 간 관료들을 의미함 ― 간에 상호타협을 거쳐서 내려진다. 다섯째, 정책 내용은 국가와 공공단체가 전술한 단계를 거쳐서 내린 중요한 결정이나 지침, 계획, 행동경로 또는 그 표현으로 보고 있다.

이상의 교육정책에 대한 개념을 내용적 의미와 형식적 쓰임새로 나누어 종합하자면, 교육정책의 의미는 사회적, 공공적, 조직적 성격의 교육활동을 대상으로 하며, 국민 다수의 이익을 위해 국가가 강제성을 띠는 정치적 권력을 동원해 계획을 세우고 실행해 나가는 목적합리적 활동이다. 교육정책개념을 형식적 쓰임새의 측면에서 보면, 교육정책은 교육이념구현의 수단이요, 교육제도와 운영의 지침이라는 점에서 볼 때, 교육활동의 전 과정과 교육정책형성의 전 과정에 대한 국가통제를 합리화하는 근거이자 그러한 국가통제의 법제화에 대한 토대가 된다.

이러한 교육정책 개념의 의미와 쓰임새 안에 내포된 바는 다음과 같다. 첫째 정책형성 주체는 국가, 둘째 실현방법상 강제적이고 권위적인 방식의 공권력 동원, 셋째 국민의 동의 필요, 넷째 합리적 결정,

즉 경제적, 도구적 합리성의 실현의지, 다섯째 교육이념이나 교육적 가치 추구이다. 그런데 공권력의 동원, 국민의 동의, 합리적 결정, 교육적 가치 등의 양립하기 어려운 시각들이 하나의 개념 속에 동시에 내포될 수 있다는 것은 모순이 아닐 수 없다. 심인선(1992: 14)의 경우도, 교육정책이라는 것이 국가의 공권력을 바탕으로 하는 것이라면 교육정책이 사회 전 구성원들의 교육에 대한 요구를 수렴하여 '합리적으로' 결정된다는 논의가 타당성이 있는지 의문을 제기하고 있다. 교육정책으로 인해 영향을 받는 대다수의 시민, 즉 교육영위자들이 객체가 되어 결정되는 교육정책은 국민적 동의도, 교육적 가치도, 결정의 합리성도 확보할 수 없을 것이다. 그리고 설사 국가가 주체가 되어 국민적 요구를 수렴해 합리적으로 결정하는 것이 현실적으로 가능하다 하더라도, 이러한 방식으로 구성된 국민적 동의라는 것은 주체의 의지가 불가피하게 반영됨으로써 다수가 납득할 수 있는 진정한 의미의 합의가 될 수 없다. 게다가 교육영역 본연의 가치를 추구하기 위해 수단합리성에 입각해 합리적 결정방식을 취한다는 것은 가령 아동의 삶의 질을 향상시키기 위한 교육적 가치를 실현하고자, 체벌을 강화하거나 표준학력평가를 더욱 자주 치러야 한다고 주장하는 것과 유사한 것으로, 추구하는 바와 추구과정의 현격한 모순은 추구하는 바를 충분히 달성될 수 없게 된다.

견구 한국에서 통용되는 정책과 교육정책의 개념에는 결코 포기될 수 없는 권위적 국가의 강제성과 경제적 합리성을, 상황에 따라 포기되어도 좋은 국민의 동의, 교육적 가치와 동시적으로 나열함으로써 마치 그러한 개별적 시각들이 본래 하나로 엮어져 있는 그리고 엮어져 있어야만 하는 것으로 오인하게 할 소지가 있다. 가령 교육적 가치를 담보해 내기 위해서는 권위적 국가의 강제성이 반드시 요구되는 것으로 오해하는 것이 그 예이다. 또한 이러한 (교육)정책 정의는 개인들의 정책형성과정에의 참여가 정책형성의 필수불가결한 요소가 아니라 다만 동의를 구하는 수준에서 그쳐야 하거나, 경우에 따라서는 생략해야만 공공선을 확보할 수 있는 것으로 간주하게 한다. 동시에 위의 정책정의는 받아들이는 이로 하여금 그러한 개인들의 비참여가 지극히 현실적이며 당연한 것으로 간주하게 함으로써 사회발전을 위해 필연적으로 요구되는 비판적 사고의 여지를 닫아버릴 개연성이 있다. 그리고 그러한 사고의 기저에는 시민사회를 구성하는 개인이란 자신의 이익을 쫓는 영리적 인간이며 정책관료는 그러한 이익들을 공익의 방향으로 건전하게 이끌 수 있는 합리적 인간이라는 쉽게 수긍하기 어려운 규정이 담겨 있다.


## 2. 교육정책 형성과정상의 특징


한국교육이 위기에 처해 있다. 즉 교육영위자들의 제 역할찾기가 어려워지고 교육정책이 교육적 삶의 양태와 자연스럽게 부합하지 못하며 행복과 미래의 비전을 담보해내지 못하고 있다. 이는 나아가 어느 날 문득 공고되는 교육정책에 대해 한국의 교육영위자들이 무조건 수용하면서 일률적으로 관리되었던 한국의 교육정책 형성양태가 흔들리고 있다는 말이다. 사교육확장, 교육이민, 기러기 가족, 내신부정, 촌지, 수능부정행위, 학교폭력 등 교육계의 일탈양상은 한국교육의 현장을 지탱하는 교육영위자의 교육정책에 대한 지향이 달라지고 있음을 극명하게 보여준다. 윗선에서 제공하는 교육정책에 대해 부분적, 일시적이긴 하나 교육현장에서 거부되고 있으며 앞으로 이러한 거부가 전체적, 지속적일 개연성이 있다는 작은 경고의 의미도 내포되어 있다. 그런데 교육현장을 구성하고 있으며 교육영역의 바탕을 이루고 있는 사람들, 교육정책의 영향범위에 직·간접적으로 놓여 있는 제반 교육영위자들이 거부하거나 불신 혹은 비판하는 그것(대상)은 도대체 무엇인가? 체벌이나 촌지로 대변되는 일부 교사의 부적절한 품성인가? 왕따나 교실붕괴로 대변되는 학생들의 폭력적 행태인가? 자녀에게 최고의 교육을 시켜 상향적 사회이동에 적극 뛰어들려는 학부모의 과잉교육열인가? 상위학교 입시에 사활을 거는 단위학교의 교육철학인가? 국가에 의한 일방적이면서 하향적인 교육정책인가? 아마도, 그리고 본고에서 관심의 초점을 두고 있기도 하는 일방적, 하향적 국가중심의 교육정책이 바로 불신, 비판의 핵심적 대상이 아닌가 한다. 무엇보다도 일방적, 하향적인 한국의 국가중심적 교육정책은 위에서 던진 문젯거리들을 모두 아우를 만하며, 적어도 지금까지는 학교현장의 분위기를 좌우할 만큼 강력한 무엇이었음은 주지의 사실이다. 물론 그것의 효율성 측면은 결코 무시할 수 없는 장점이기는 하나 일방적인 하향성은 교육정책의 정당성 차원에서 논의의 여지가 다분하다.

교육정책에 대한 다수 국민이 부여하는 정당성은 교육정책을 무엇으로 정의하느냐의 문제와도 결부되지만 또한 교육정책 형성과정을 어떻게 인식하느냐에 대한 시각과도 연관되는 문제이다. 교육정책형성은 과연 어떠한 기제(mechanism)에 의해 이루어지며 그 기제가 갖는 특징은 무엇이고 문제점은 없는가? 본 절에서는 선행연구결과에 터해 이 물음에 대한 답을 찾아보았다.

교육정책 형성과정4)에 대한 인식은 과정론과 산출론, 정태론과 동태론5)으로 나뉘며, 교육정책을 바라보는 이론들에는 제도론, 다원주

---

4) 본고에서는 교육정책 결정을 교육정책 형성과정에 포함시켜 논의한다.

의, 엘리트주의, 조합주의6) 등이 있고, 교육정책 형성과정의 모형들
에는 Easton, Dror, Campbell, Thomson, 백현기, 김윤태의 모형 등이 있다.
이들 모형은 다시 규범적·이상적 모형으로 규정되고 이에 대응하는 것으
로 현실적·실증적 모형 즉, 합리모형으로서 만족화모형, 점증모형, 혼합모
형, 그리고 비합리적 모형으로서 쓰레기통모형 등이 논의되고 있다(조주호,
2000: 20; 장덕호, 1998: 25, 44; 김혜영, 2002: 30; 이광식, 1999: 12-19)7).

---

5) 정책의 과정론은 정책내용보다는 정책이 이루어지는 여러 과정에 초점
   을 두는 접근방법이며, 정책의 산출론은 최종적으로 만들어진 정책 자체
   의 내용에 관심을 갖는 접근방법이다. 또한 동태론은 정책환경과 끊임없
   는 상호작용에 의해 영향을 받으며 일단 만들어진 정책이라도 그 실행
   과정에서 변화될 가능성이 있다는 입장이다(장덕호, 1998: 17).
6) 제도론은 정책을 헌법과 정부조직법 등과 같은 법률에 근거한 정부기관
   에 의해 결정 및 집행되고 강제되는 것으로 본다. 다원주의는 정책을 개
   개인과 집단의 이익대결과 갈등을 정부가 공정하고 중립적인 입장에서
   조정한 결과로서의 균형을 의미한다. 엘리트론은 정책을 소수의 통치엘
   리트들의 가치나 선호를 구현하는 수단으로 이해한다. 엘리트집단을 정
   점으로 한 피라밋 구조로 사회를 바라보면서 정책은 엘리트로부터 대중
   에게 일방적으로 하향적으로 전달되고 집행될 뿐 소수 엘리트들에 대한
   요구와 비판은 수용되지 않게 된다. 조합주의는 국가이익의 확대와 사회
   질서의 유지를 위해서 국가가 적극적으로 사회에 개입하는 것을 그 목
   적으로 한다. 그러므로 정책은 국가가 사회를 일정한 방향으로 유도하기
   위하여 의도적으로 사회집단과 개인의 이익과 가치를 통제, 조정하는 수
   단을 의미한다. 체제론적 시각은 정책을 정부와 국민 간의 유기적 관계
   속에서 투입, 전환, 산출, 환류과정으로 이어지는 정치체제의 산출물로
   파악된다. 정치경제학적 시각에는 공공선택이론, 규제정치이론 등이 있
   다. 특히 George Stigler의 정부규제이론에 의하면 정부규제는 부의 분배
   를 위한 정치적 수단으로서 일종의 경제적 재화이며, 그리하여 수요자와
   공급자가 있기 마련이며, 여기서 수요자는 정부규제로부터 모종의 편익
   을 얻는 피규제산업(혹은 직종)으로 대표되는 이익집단이고 공급자는 강
   제력을 지니고 있는 규제자(구체적으로는 입법을 담당하는 국회의원 및
   행정기관)이다(장덕호, 1998: 18-23; 이명균, 1993: 22-28).
7) 최희선(1990: 407, 이광식, 1999: 21, 재인용)은 정책결정과정 접근모형들
   이 주로 주어진 목표를 달성할 수 있는 최적의 해결방안을 형성하는 이
   론, 즉 수단적 합리성에 초점을 둔 이론들이라고 비판한다. 따라서 각
   모형들은 공통적으로 교육정책 결정이 어떤 수단을 채택함으로써 목표

기존의 한국 교육정책과 그 형성과정에는 정권과 교육부총리(현 교육과학기술부 장관)의 특성에 따라 특별히 강조되는 이론 혹은 모형이 있거나, 더 일반적으로는 이상의 제반 입장들을 고루 함축하고 있는 것으로 보인다. 특히 문민정부에서 참여정부에 이르는 동안은 정권의 차원에서 사회의 다양한 가치를 수용하고자 하는 의지를 강력히 보이고 있음으로 인해 여러 입장들을 전반적으로 검토할(했을) 개연성이 더욱 커진다 할 수 있다.

아래에서는 구체적인 개별정책들을 대상으로 문민정부에서 참여정부에 이르기까지의 한국교육정책 형성과정에 대해 연구한 결과들을 정리 및 고찰하였다. 반상진(1995: 136)의 견해에 따르면, 우리나라 교육정책은 실질적으로 교육부장관을 정점으로 하는 교육부에 의해 발의되고 결정되거나 커다란 국가 교육정책의 결정에는 대통령, 국무총리실, 국회 및 정당과 같은 상위기관의 영향력이 상당히 행사되어 왔다고 지적한다. 특히 정권변동 때마다 정책이 변하는 사례들을 통해 정치권과 상위기관의 이해관계가 교육에 지나치게 영향력을 행사해 왔음을 알 수 있다.

이일용(2005. 17, 20)은 한국의 경우 교육정책결정에 대한 정치권력과 행정권한이 중앙과 상위기관에 집중되어 있음을 지적하면서, 기존의 정책결정과정의 특징을 다음과 같이 지적하였다. 첫째, 대통령과 비서실, 행정부 우위의 정책결정구조를 갖고 있다. 둘째, 엘리트에 의한 폐쇄적 정책결정구조를 가지고 있나. 정책참여자도 소수이고, 당정회의도 행정부가 결정한 사항의 일방적 제시에 그치며, 여당의 의견제시로 수정되는 경우는 적다. 셋째, 정책결정에 대한 정치적 견제력이 미약하다. 단지 종교단체, 언론, 노동조합, 소비자단체

---

를 얼마나 잘 달성할 수 있는가 하는 경제적 결과를 중시하는 반면, '왜 그것을 해야만 하는가'에 대한 결정주체들 간의 합의는 이루어지지 않는다고 한다.

등이 역할을 하고 있다. 넷째, 정책이 정책조정회의, 차관회의, 관계장관회의, 국무회의 등을 거치는데, 정부부처 간 상호의견 교환과정을 추적하기 어렵다.

조성일, 안세근(1996: 34, 36, 42-43)은 한국교육정책 형성과정에서 참여의 문제에 집중해, 정책발안단계에는 많은 집단들이 참여할 수 있으나 심의단계로 접어들면 집단의 수는 줄어들고, 국가의 정책결정을 좌우하는 것은 소위 결정권자, 세력가, 권력 엘리트와 같은 이름으로 불리는 소수의 몇몇 사람들임을 지적한다. 즉 단지 소수의 사람들만이 사회를 위한 가치를 배분하는 식의 비정의, 불평등이 교육정책 형성과정에 내재하고 있는 것이다. 특히 그들은 교육정책 형성과정에 따른 연구결과를 통해 지방교육자치에 관한 법률이 정책화되는 과정에서 나타난 쟁점사항들을 해결하는 데 있어 정책결정권자들은 참여집단 상호간 합리적인 합의보다는 경쟁과 갈등만을 유발하며, 국민들의 이익을 고려하기보다는 참여집단 간 이익결정의 형태에 따라 비민주적인 힘의 논리와 정당의 당리당략에 따라 처리되어 오늘날 현행 지방교육자치에 관한 법률이 그 어느 집단의 욕구도 충족시켜 주지 못하고 있다고 지적한다.

홍성훈(1996: 85)은 대학자율화정책에 있어 교육정책 형성과정에 영향을 미친 요인을 연구해 환경적 요인(정치적, 법적, 경제적, 사회문화적요인-행정관료들의 가치관, 태도 등의 행정문화-), 참여자 요인(정책결정자 요인-대통령, 교육부, 정당-, 참여집단요인)을 중심으로 정리한다. 그는 여기에서 한국의 교육정책 형성과정에 정치적, 경제적 요인, 행정관료들의 가치관, 태도라 정의되는 사회문화적 요인이 명시적 요인으로 작용하고 있으며, 국가관료가 독자적으로 정책을 결정하고 있음을 보여준다. 그런데 교육정책이 '교육을 위한' 정책이기 위해 정치와 경제논리에 앞서 교육의 논리에 입각해야 함은 누구나 긍정하면서도 교육정책 형성과정에 영향을 미치는 교육적 요인은 어느 한 축에도 들어 있지 않음을 이상하게 여기는 사람은 극히 드문 것이 현실이다. 게다가 그는 참여자 요인의 문제보다는 환경적 요인의 문제가 대학자율화 정책형성을 어렵게 하고 있다고 이해하면서 참여자로 규정된 개인 혹은 집단 역시, 정부관료나 정당이 주가 되고 있음을 당연시 여긴다. 그나마 전문가 집단이나 학생회가 포함되기는 하나, 이 논문주제인 대학자율화정책에 의해 영향 받을 수 있는 사람들이 어디 전문가집단이나 학생회에 국한되겠는가? 정책을 결정하는 사람 혹은 정책결정에 참여하는 사람과 그 정책에 적용받는 사람이 다른 상황이 정당하고 합리적이라 할 수 있는가? 이러한 문제는 앞서 개진한 본 연구의 문제의식, 즉 교육정책을 규정하는 개념 자체에 내포된 한계에서 비롯된 것이다.

　장덕호(1998: 24-25, 30-32, 35-38, 40-43)는 교육부의 조직환경과 교육정책결정에 관해 연구하는 과정에서, 교육정책 형성과정에 관여하는 제 집단의 역할을 정리하고 있다. 그 결과를 본다면, 첫째, 우리나라의 행정체제 전반이 그러하듯이 교육행정도 중앙집권적인 성격이 강해 국가가 강력한 영향력을 발휘하고 있으며, 또한 그렇다고 교육정책이 정부의 공식적인 기구나 제도적인 장치에 의해서 당위적으로 결정되는 것만은 아니라, 국민들의 관심이 높기 때문에 지배 엘리트들의 관여도 배제할 수 없다는 것이다. 높은 국민들의 관심사와 지배 엘리트의 관여 간의 인과관계 상정이 한국사회의 권위적 현실을 적나라하게 보여준다. 둘째, 참여집단 중 일반국민과 정당의 역할을 보면, 일반국민의 참여는 소극적, 간접적 형태를 띠는 것으로 기술된다. 그리고 정당은 자신이 속해 있는 정당의 정책적 입장을 정책결정과정에 투영시키는 역할을 수행하기 때문에 국회는 법안의 제출권과 정부제출법안의 동의권을 동시에 보유하며, 국정전반에 걸쳐 국가정책의 결정에 막중한 역할과 기능을 수행한다고 한다. 게다가 정당이 선거 시에 제시한 정책대안은 그 정당이 집권당이 되는 경우 직접 정책화되거나 구체화되고 보완되어 미래에 정책으로 결정되는 경우가 많다는 것이다. 이런 사실은 교육정책 형성과정에서 정치체계의 논리가 생활세계를 잠식할 개연성을 보여 주는 대표적 사례이다. 셋째, 교육부가 주도하여 교육정책을 의제화하는 경우, 교육부에는 조직환경의 압력이 작용하고, 결과적으로 정책이 후퇴하거나 수정되고 있으며, 교육문제가 소수 영역에서가 아니라 광범위한 영역에서 사회문제화되어 누구나 개선의 필요성을 공감하는 경우에는 교육정책이 부분적으로나마 실현되고 있음을 지적한다. 더불어 교육정책의 성격은 형성과정의 유형에 따라 어느 정도의 예측 가능한 결과를 보이며, 조직환경의 압력에 의해 가장 큰 영향을 받는다는 사실을 지적하고 있다. 이로써 교육정책 형성과정의 중요성이 부각되면서 특히 정책형성과정에서 공론장을 통한 국민적 합의가 정책 실현 여부를 결정하는 주요 요인임을 알 수 있다. 넷째, 한국의 교육정책 형성과정의 특징과 문제점은 (1) 하향식 정책결정 즉 중앙정부 주도로 결정되는 교육정책, (2) 응급처치적인 정책결정, 교육정책의 개념정립과 장기적인 전망 없이 묘안 찾기 식의 교육정책 결정과정, (3) 정책조정부재, 관련정책변인들의 조정 없이 정부에 의한 정책결정, (4) 정책관료중심의 정책결정, 정책관료들이 주도하여 정책의 내용을 결정·추진, (5) 여론이나 권력에 좌우되는 정책결정, 즉 정치적, 경제적 이해관계를 충족시키는 정책형성 등이다

　오석환(1998)은 교육재정의 GNP 5% 수준의 확보방안에 대한 정책결정과정을 연구하였다. 그는 이 안건이 당시 선거공약으로 내세워졌던 것으로 대통령 취임 후 정책의제화되었고, 행정부처 간의 협의를 통해 상호만족할 만한 수준에서 목표가 설정되고 있음을 밝히고 있다.

교육재정정책에 있어 시민참여의 여지가 전혀 없으며, 심지어는 시민을 전적인 수혜자의 자리에 놓아 정부의 처분만 기다리는 존재로 전락시키고 있음이 보인다. 또한 "교육재정의 최대한 확충을 주장하는 교육부, 재정운영의 효율성과 재정여건의 어려움을 주장하는 재정경제원, 지방교육자치제도의 문제점을 지적하면서 교육에 대한 재정지원이 어렵다는 주장을 펴는 내무부(오석환, 1998: 103)"라는 표현 속에서 정부관료가 목표설정에서 결정까지 전담하고 있으며 교육재정정책의 구축, 교육부, 재정경제원, 내무부의 역할 속에서도 '교육'이라는 현상에 대한 고민은 보이지 않음을 알 수 있다.

황석근(1999)의 교원정년단축 정책의 의제형성과 결정과정 분석결과를 보면 다음과 같다. 먼저, 제도도입을 대통령직인수위원회와 기획예산위원회에서 제기하였다. 이 과정에서 교원정년을 문제시하는 국민적 여론은 도입될 여지가 없었고, 오히려 반대로 문제제기 주체들에 의해 의도적으로 필요한 여론이 조성될 여지가 있었다.

> 정부가……이해관계사의 입상을 신중히 고려하였다기보다는 여론을 정부에 유리한 쪽으로 해석하는 권위적 사고의 결과……정년과 관련해 사전연구를 진행시키거나 교원의 여론을 수렴하는 절차가 없었다.…… 밀실행정의 전형인 것이다(황석근, 1999: 72).

이와 같은 황석근의 지적과 함께, 이 제도가 공표된 후 교원들의 즉각적인 반발 및 국민적 논쟁의 대상으로 급부상했었다는 사실을 통해서도 이러한 사실을 가히 확인할 수 있다. 둘째, 제도도입 제기 주체만 보더라도 교육적 논리에 의하기보다는 정치적 협상과 경제적 논리에 좌우되었음을 알 수 있다. 이는 관료에 의해 제도추진을 하지 않겠다며 이 정책을 일시적으로 부정했던 일이 '6·4지방선거를 앞둔 여론무마용'이었다는 사실, '교육적 효과를 무시하고, 고령교원과 신규교원을 산술적으로 대비'하고 있음을 통해 그 특징을 알 수 있다. 셋째, 정부주도 모형, 즉 정부관료에 의해 사실상 모든 것이 주도되었다. '교육부가 정년단축안 발표시기의 추진기간을 단기간으로 정한 것은 여론수렴보다는 정책결정의 강력한 의지를 천명한 것8)', "교원정년단축을 둘러싸고 의사결정과정에 가장 많이 의존한 수단이 (정부의) 명령이었다."고 지적함으로써 교육정책 형성과정이 21세기에 접어드는 시점에서도 정부, 관료에 의해 독점적으로 진행되는 것이 한국에서 '사실상' 가능함을 알 수 있게 한다. 넷째, 교육부의 여론수렴대상이 정부 내의 기구로 국한되었으며, 교원단체 등 직접적인 이해당사자를 배제하였고, 여론 수렴을 의도한 공식적인 회의 결과가 제대로 반영되지 않았고 형식에 치우쳤으며, 이미 도달할 목표가 정해져 있는 상태에서 모양갖추기에 지나지 않았을 가능성이 높다는 지적이나, 교육부가 자신의 안을 관철시키기 위해 언론을 적극 활용하고 있었으며, 언론은 사실 파악과 비판기능에 소홀하였고, 이러한 언론의 태도는 공중의제형성의 걸림돌로 작용하였다는 지적들을 통해 교육정책에서 시민들의 참여가 제한적일 수밖에 없는 현실적 한계를 알 수 있다.

정동훈(1999)은 문민정부의 교육개혁을 중심으로 우리나라 중등교원 양성, 임용정책을 평가하는 과정에서 교원양성정책의 의제선정, 결정과정을 다음과 같이 밝히고 있다. 교원양성정책은 교육개혁위원회 내부의 다섯 개 소위원회 중 제2 소위원회(교육전문가들로 구성됨)에서 연

---

8) 이에 대해 강경석, 최운영(2000: 116) 역시, 1998년 11월 2일 기획예산위원회의 교원정년 5년 단축안의 제의에서부터 1999년 1월 6일 교원정년을 62세로 하는 교육공무원법의 개정에 이르기까지 불과 2개월에 걸쳐 진행된 교원정년단축정책의 결정과정은 관련 당사자의 참여가 결여된 채로 교육정책 형성과정의 핵심인 합리성과 민주성이 무시되는 결과를 가져왔음을 지적하고 있다.

구초안이 미리 마련되어, 전체회의를 통해 구체적 개혁안이 준비되고 이에 대해 관계기관, 단체(사범대학장, 교장, 시도교육청, 장학관, 교수, 한국교총)의 외부의견 수렴 후, 다시 교육개혁위원회 내부토의를 거쳐 최종안이 마련되고 대통령에게 보고함으로써 확정되었다는 것이다. 그는 소위원회를 구성하는 전문가들의 지적 편파성을 반민주성과 연결지어 주장하고 있으나, 더욱더 주목할 만한 것은 결정의 중간부분에서야 비로소 외부의견을 수렴했다는 사실, 게다가 그마저도 의견수렴이 소수권력자였다는 사실이다.

이광식(1999)은 대학입학전형정책 결정과정을 분석하고 있다. 그는 이 과정에서 대학에 부여된 입학정책의 자율이 형식적일 뿐 실제로는 여전히 정부에 의해 목표나 방향이 주어지고, 대학 스스로 주체로서의 인식이 결여되어 있으며, 대학 내에서도 소수 당국자에 의해 정책결정이 이루어지고, 정책관련정보가 개방되지 못하며, 다수의 참여가 제도적으로 미흡하게 되어 있음으로써 또 하나의 권위적 결정방식이 진행되고 있음을 지적한다.

조주호(2000)의 지방교육자지제에 관한 입법과정 연구에서도 기본적으로 교육정책 형성과정에서 공식적 정책결정자와 비공식 참여자가 분리되고 있다. 물론 교육이라는 현상에 직접적 관계자인 시민들이 비공식 참여자로 분류되는 것은 여느 나라의 경우와 같다. 그의 지방자치제 연구에서 얻은 결론 중 하나는 본 논문에서 참여와 관련해 시사하는 바가 있다.

> 국민들의 인식경향은 법률제정 초창기에서는 교육이 자주성 확보에 관하여 요구사항이 높은 반면에 최근에는 교육재정확보와 지방교육자치에 주민이 직접 참여하는 문제에 관하여 보다 많은 관심을 나타내고 있다(조주호, 2000: Ⅵ).

즉 시민들의 직접 참여에 대한 욕구는 늘 산재해 있어 시민들의 근본적 나태 혹은 무관심이나 무지가 참여 제한의 이유가 될 수 없음을 보여준다.

민경훈(2000)은 지방교육자치제도에서 정책결정과정 시 정책결정주체의 영향력을 지방자치의 네 원리를 중심으로 분석하고 있다. 이 중 주민참여의 원리에 기초한 영향력 분석을 보면, 우리나라 지방교육자치에서 오로지 교육감과 교육위원선출에 국한된 주민(그것마저도 소수에 불과한)참여의 한계를 엿볼 수 있다.

김용일(2001: 284)은 문민정부에서 시작된 개혁이 경제적 가치를 배타적으로 강조해왔음을 밝히고 있다. 교육부가 교육인적자원부로 승격, 개편된 사실 속에서도 경제적 가치 강조의 이면을 볼 수 있다고 한다.

주삼환(2001: 114-126)은 국민의 정부 시기 등장했던 교육정책들을 정리하면서 그 특징을 다음과 같이 주장한다. 첫째, 교육정책 결정의 양이 너무 많아 중복되거나, 그 빈도가 잦아 발표나 보고, 지시로 끝나버리고 만다는 점과 이들 일련의 정책들의 종합적인 고려가 어려워지고 일관성과 실현가능성도 없어진다는 점이다. 둘째, '교육마피아'란 용어의 등장을 지적하면서 소수 교육관료들의 펜대에 의해 교육정책이 좌우되는 경향이 있다. 이들은 아주 미세한 부분, 가령 학교계획서 심사, 모의고사 횟수까지 계획하고 개혁하겠다고 결정함으로써 중앙집권화를 더욱 강화한다. 그나마 이들 관료들의 자리가 자주 바뀜으로 인해 계속성 있게 정책을 추진하는 것조차 어렵다. 셋째, 교육정책과정상의 문제로서 문제제기, 여론형성, 여론수렴과정을 생략하거나 형식적으로 하고 만다. 대부분 결정해 놓고 뒤치다꺼리하는 형식이었다고 지적하면서 정책결정자와 집행자의 오만함을 지적한다. 넷째, 목표와 전략 없는 개혁을 위한 개혁, 발표를 위한 정책이 국민들에게는 우격다짐 혹은 즉흥적인 것으로 비춰지게 한다. 이런 특징들이 초래하는 문제점은 다음과 같다. 첫째 교육정책에 대한 불신, 둘째 인적·물적·시간적 자원의 낭비, 셋째 교육본질의 훼손 등이다.

김혜영(2002: 37-79)은 2001년 교직발전종합방안에서 발표된 수석교사제 도입에서 논의과정을 분석한 연구결과, 수석교사제라는 제도도입 요구 역시 한 전문가 집단의 세미나 보고에서 시작되었다고 지적하면서 다음과 같이 그 결정과정상의 특징을 지적하였다. 첫째, 정치적인 외부환경의 영향을 받았으며, 때때로 정치적 희생안이 되기도 했다. 둘째, 관련집단의 참여, 합의 및 절충의 과정이 거의 없었다.

신현석(2003b: 405-406, 422)은 문민정부, 국민의 정부, 참여정부의 교원정책을 비교분석하면서, 문민정부의 정책방안은 교육개혁위원회에서 기획되고 추진은 교육부가 담당하며 기획과 추진이 비교적 엄격히 분리되었고, 국민의 정부에서는 교육부가 (전문가들의) 정책자문을 구하여 독자적으로 교원정책을 기획하고 추진하였다. 참여정부에 들어서서는 교육인적자원부의 부총리, 차관, 전문교수가 중심이 되어 국민제안, 유관단체, 교육청, 교육부의 실, 국에서 검토한 후 최종 확정하는 과정을 거쳤음을 밝히고 있다. 문민정부에서 참여정부에 이르기까지 국민제안의 실실성이 의심가는 내목이다. 확정된 정책에 대해 동의할 수 없는데 다양한 의견접수를 했다고 만천하에 고하는 것이 과연 그 정책의 정당성을 담보할 수 있으며, 다음 사안에서도 참여를 활성화시킬 수 있을까?

천세영(2005: 110)은 정부가 취한 정책들이 애초부터 제대로 선정된 것이었는지에 대해 근본적으로 회의하면서 "대부분의 정책들은 관료들의 책상에서, 관념론적 전문가들의 펜대에서 환상적으로 그려진 그림들이었을지도 모른다"라고 통렬히 지적한다. 그는 이를 관료통제모델이라 명명하면서 한국의 현실은 "개혁의 필요를 정당화하는 여러 현실들이 나타났으며, 이제 다시 그 원인자가 결자해지의 전략으로 개혁 방안들을 내놓는 것"이라 한다. "지난 십 수 년간의 (고등)교육정책 현장은 교육학자들과 교육정책담당자들만이 무대 위에서 코미디를 하고 있는 형국이다"라는 그의 비판의 끝이자 동시에 새로운 대안의 출발점이라 여겨지는 이 대목은 관료통제 모델이 그 실효성을 상실했다는 의미로 읽힌다.

김환식(2005)은 문민정부 시절 교육정책 형성과정을 다음과 같이 지적하였다.

소수의 전문가들이 모여 우리나라 교육을 완전히 재구성하는 방안을 만들다 보니 환경변화 예측의 세밀함과 정교함, 영향분석의 철저함, 방안의 전략성 등에 있어서 제한적일 수밖에 없었다.……교육개혁방안을 제정하는 과정에서 정부의 공식기구인 교육부는 철저히 배제되었다. 물론 학부모, 학생, 교사 등 직접적 당사자들의 참여도 사실상 봉쇄되었다. 즉 누가 개혁방안을 결정했는가.……교육개혁위원회가 설정한 정책의제가 아무리 지고지선한 의제였다고 하더라도 이를 실제 정책화(즉 법령 정비와 제도화 및 예산확보)해야 하는 교육인적자원부의 적극적 참여가 쉽지 않은 상태였던 것이다.……교육개혁위원회의 개혁방안은 정책의제로서의 성격이었음에도 불구하고 마치 확정된 정책인 것처럼 밀어붙였다(145).

교육정책의 이념과 철학의 문제와 관련해 문민정부, 국민의 정부, 참여정부의 특징을 살피고 있는 신현석(2005: 35-37)의 경우, 이들의 교육개혁정책의 이념과 철학의 차이에도 불구하고 이념 수립과 정책형성과정상에는 공통점이 존재하고 있음을 밝힌다. 문민정부 시기의 특징으로서는 '교육개혁의 이념의 설정과정에서 특정의 신념과 철학을 지닌 소수 계층이 주도적으로 독점'하고 그로 인한 합의기제 부족은 '교육개혁정책이 추진되는 과정에서 교육계의 이념 정쟁을 점화시키는 계기로 작용'하였으며, '여전히 정책추진 체계가 상명하 달식 행정위계에 의존하고 있는 현실'이었다. 국민의 정부의 특징으로는 '교육부의 개혁정책 독점'으로 '교육 자문기구는 정부주도로 진행되는 교육개혁정책의 주변부에서 희미한 역할을 담당'하게 되었으며, '힘 있는 장관이 물러나면서 교육부는 징책이념의 혼란상태에 빠져버린 상황'에 이르렀다고 평가한다. 참여정부에서는 '침여징부 내 교육정책결정 참여자들 사이에 혼란'이라는 평가 속에서 교육정책 결정참여자로서 등장하는 집단은 교육혁신위원회, 정당, 교육인적자원부와 한국교육개발원, 재정경제부 등 경제와 인적자원개발 관련 부처 등이었다. 그리고 문민정부 이후 세 정부는 정당들 간의 치열한 대권경쟁을 통해 탄생하였기에 집권정당의 정치적 이념과 정당정책의 방향은 대선공약을 통해 구체화되고, 그 공약은 정부출범 후 국가정책으로 반영된다고 한다. 그리고 일반적으로 교육개혁의 이념을 설정하고 개혁방안을 제안하는 것이 대통령자문기구와 같은 교육개혁 추진기구의 몫이라면 개혁이념에 따라서 방안을 정책과제화하여 추진하는 것은 교육부의 몫이라고 한다. 교육정책 형성과정에서 ㄱ 이념 수립과 구체적 정책화 과정이 모두 국가에 의해 결정되는 것이다. 요컨대, 문민정부 이래로 지금에 이르기까지 국가 중심적 정책형성방식을 취하고 있는 것이다.

　신현직(2003: 22, 55 - 64)은 한국에서 교육에 관한 법문회, 즉 국가에 의한 일방적이고 억압적인 성격과, 현실이 가종 교육분쟁들에 내한 합리석인 해결책을 갖지 못하는 우리의 교육관련법의 힌게를 비판한다. 그는 국민의 교육의 자유와 평등, 인간적 성장발달을 위한 학습권이 실현될 수 있는 종합적 기본권으로서 교육기본권론을 주장

하면서 교육과 법의 관계, 교육에 대한 국가의 역할을 다음과 같이
규정한다.

> 교육이란 어디까지나 피교육자를 위한 것이어야 하고 교육행위 자
> 체가 개개인의 개성과 소질을 전제로 하는 구체적인 활동이므로……교
> 육은 본질적으로 일반 추상성을 본질로 하는 법률에 의한 획일적 규제
> 에 친숙하지 못하다. 따라서 교육현장에서 원만한 합의에 의한 학교운
> 영이 이루어진다면 사실 법률에서 정할 내용이 없을 것이다(22, 66).
> 국가의 권한은 교육의 외적 사항에 대한 '조건정비권'으로서의 감
> 독권으로 인정되고, 교육 내용과 같은 내적 사항에 대해서는 '지도조
> 언권'만 가지며……일반 인권의 (보호)장(으로서의 역할)이 이루어져야
> 한다(23).
> 수요자인 학습자 중심의 교육이 '그들을 위한 교육'에 그치지 않고
> 그들이 주체적으로 참여하는 '그들에 의한 교육'이 이루어지고 그러한
> 방향으로 개혁이 진행되어야 진정한 개혁이라 할 것이다.……특히……
> 주체가 누구인가의 문제가 법제 개혁에서 핵심이 되지 않으면 안 된
> 다.……학교교육현장에서의 가장 심각한 문제는 과거와 같은 획일적인
> 명령 지휘체제와 책임자에게 집중된 전 권한으로는 교육의 발전은커녕
> 권리 침해 분쟁이나 학교 분규에서 헤어날 수 없다는 현실이다(67).

여기서 그의 의견은 교육과 법률의 상치성 혹은 교육영역에서 법치
의 무의미성이 아니라, 교육영역에서 국가에 의해 일반적으로 부과되
는 억압적 규율로서 법률을 거부하는 것이며, 국가라는 인권 혹은 교
육기본권 보호를 위한 울타리 안에서 교육영위자들의 상호논의(합의)
로 규율되는 교육의 장을 이상형으로 제시하는 것으로 해석된다.

최근에도 교육부(현 교육과학기술부)가 각 대학에 법학, 의학대학
원을 추진하면서 상명하달식의 무리한 강요로 인해 사회문제화되고
있다. 뿐만 아니라 장관이 바뀌면서 대학입학시험제도가 바뀌고 교

육현장은 도외시한 채 교육당국이 입학시험제도를 쥐락펴락하는 현실은 여전히 건재하다. 달라진 것이 있다면, 과거에는 관료의 어떤 지시에도 고분고분 수용하던 학교의 구성원, 특히 교사나 학생들이 이제는 촛불시위를 하거나 청와대와 교육인적자원부(현 교육과학기술부) 홈페이지에 자신들의 의사를 적극적으로 피력한다는 사실이다. 한국사회는 분명 달라지고 있으며 이는 민주주의를 향한 도약이라는 측면에서 긍정적으로 이해될 수 있다.

한국교육정책 형성과정에 대한 제반 연구물을 검토해 본 바, 한국교육정책 형성과정의 특징과 그에 따른 문제점은 다음과 같이 정리할 수 있다. 첫째, 국가와 개인의 관계를 주체와 객체로 규정하여 개인을 정책에 대한 객체, 대상, 수혜자로 전락시킴으로써 교육정책 형성과정에서 국가(관료)가 비교우위를 점하게 되었다는 점이다. 그럼으로써 교육정책 형성과정에 교육영위자가 배제되거나 혹은 비공식적 참여자로서 역할만이 주어지는 것을 당연시하는 사회적 풍토를 조성하고, 정부관료가 공식적이며 주된 참여자가 됨으로써, 종국에는 교육영위자의 정책참여 부재로 인한 교육정책의 정당성 위기를 초래한다. 일반 국민이 교육정책 형성과정에 참여하는 방법은 선거에서 투표활동을 통해 대표자를 선택하거나 정책에 대한 사후 의사표시, 정당이나 기존 이익단체 또는 행정기관에 건의하거나 언론기관에 진정하는 등 간접적, 사후적 방법에 지나지 않는다(이명균, 1993: 65). 둘째, 교육정책결정의 합리성과 효율성의 논리가 기실 정치적 혹은 경제적 합리성과 효율성으로서, 평등한 인간관계에 터한 사회화, 삶의 질 향상, 자아 및 인격의 완성을 추구하는 교육의 논리를 잠식하고 있다는 점이다. 이는 교육이 이루어지는 영역이 본질을 훼손시키면서 교육공동체의 통합 위기, 사회통합의 위기문제까지 빚어내게 된다. 셋째, 교육영위자들의 공동의 삶을 윤택하게 만들어야 할 법임에도 불구하고 그 법에 의해 오히려 공동의 삶을 저당잡히는 역설이 드러난다. 한국 사회의 경우 오랜 식민통치를 종식시키는 과정에서 혼란한 사회를 안정시키기 위해 법제정 자체가 소수 지도자에 의해 이뤄져 국민들에게 통제적 역할을 수행하게 되었다. 이러한 하나의 역사적 사건은 관행화되어 지금에까지 이르고 있다. 심지어 오늘날 교육의 장에서 법률은 그 개입의 정도를 확장시켜 체벌의 수위, 학생 평가 등 구체적인 장면에까지 관여함으로써 교육현장의 자율성을 침해하고 있다. 이러한 법의 억압적 위치는 한국의 교육정책 형성과정에서 국가 중심적 사고와 맞물려 국가의 통제적인 정책실현도구로 작동하게 된다.

# 교육정책 형성과정에 대한 국가주도성

## 1. 교육정책에 대한 국가주도성의 신화형성

앞서 밝힌 교육정책의 의미 속에는 공교육체제 형성초기의 국가[9]

---

[9] 근대사회는 한편으로 개인의 탄생을 의미하지만, 다른 한편으로는 시민들을 자연스럽게 결합시켰던 규범적 토대(가령 종교나 전통적 윤리)의 붕괴를 수반한다. 그렇기 때문에 근대사회는 다양한 개인들을 어떻게 하나의 공동체로 결합시킬 수 있는가 하는 근본문제에 봉착한다. 그리하여 등장하게 된 근대의 사회계약론에 의해 국가는 공동의 목적을 위해 결합된 사람들의 집단이라기보다는 다양한 개인들을 하나의 사회로 결합시킬 수 있는 '최고권력'으로 특징지워진다. 이런 관점에서 보면 사회계약은 최고의 권력에 시민들을 예속시키는 종속계약이며, 최고권력을 소유하고 있는 주권자가 보는 사람들의 의지를 통합하는 일반의지를 구현하는 사람이고, 그 밖의 다른 시민들은 그의 신하(subject)가 된다(우리사상연구소 엮음, 2001: 71-72). 이러한 시각에서 보면 오늘날의 국가 중심적 사고는 근대사회의 출발 과정에서 비로소 본격화되며, 근대사회를 뒷받침하는 Descartes의 철학(주체철학 / 주체-객체 철학)에 의해 뒷받침

40

에 대한 이해가 담지되어 있다. 근대 이후 세금으로 운영되는 공교
육체제의 성립과 급격한 팽창의 사회적 배경은 다음과 같다. 첫째
산업사회가 요구하는 노동력을 효율적으로 공급하기 위함이고, 둘째
근대민족국가 형성과정에서 국가구성원들의 의식을 통일하고 국민적
일체감을 이루는 효율적 수단으로 교육영역을 인식한 것이며, 셋째
노동자 또는 빈민들의 교육받을 권리를 정책으로 구현해 평등사회
실현에 기여하고자 하는 의도를 담고 있다(이종태, 2001: 232-233,
김정래, 1998: 46-49). 이 세 가지 계기는 국민 다수에 대한 교육을
실행해야 하고, 이를 위해 국가가 적극적으로 나설 수밖에 없다는 두
지점으로 수렴된다. 이러한 수렴점은 교육정책을 개념정의할 때에도
기저에 놓여, 앞 절에서 언급한 교육정책의 개념 속에 고스란히 녹아
들었다. 그리하여 당시의 국가는 존속을 위한 사회, 정치적 필요에 의
해 국가가 교육 일체를 지원, 규제하도록 스스로 법적 조치를 취하고,
학문적 토대를 형성하였으며, 그와 동시에 국가의 교육 일체에 대한
감독권의 근거로서 법적, 그러한 학문적 배경을 들이대는 순환론적
대응을 하게 된 것이다.

특히 우리나라의 경우, 근대교육의 도입은 일제 식민지하에서 국
가주의 교육법제로 이루어졌고, 해방 후에도 독재권력의 권위주의적
관료행정에 의한 교육지배의 심화로 심각한 교육모순이 발생되어 왔
다. 다시 말해, 우리의 공교육제도로서 국민교육제도는 국가주의적
교육법제와 권위주의적 교육현실의 지속으로 특징지워지며, 헌법상
의 '교육제도 법정주의'가 국가교육권의 근거로 오해되기도 한다. 특
히 지금까지 우리의 교육관련법은 정부의 지도감독권의 근거를 마련
하기 위한 것이었고 그나마도 포괄적으로 대통령령에 위임하거나 교
육부총리가 권한을 갖도록 하는 것이었다. 근자의 자율성 강화라는

되는 하나의 시대적 조류에 불과하다고 볼 수 있다.

교육법제 개혁방향 역시, 여전히 대통령령에 위임하는 사항이 많으며, 교육관련당사자들의 권리규정들은 신설되기는 하나 추상적, 선언적 규정이 대부분이고 구체적 권리 보장 장치는 극히 미흡한 실정이다(신현직, 2003: 21-23, 88-89, 95).

그런데 20세기 들어 고양된 시민의식 ― 민주시민의식, 공공참여의식의 성숙 ― 으로 인해 교육의 국가독점에 대한 비판의 목소리가 높아지고, 그 비판의 주된 대상이 국가교육체제가 보호하던 관료와 교육전문가들, 변화의 흐름에 둔감한 채 전근대적인 공교육의 사고방식을 관습적으로 유지하는 그들의 편협함과 나태함이게 되었나(신현석, 2003a: 430, 439, 김정래, 1998: 49). 뿐만 아니라 거대주체의 해체, 고도 분화, 다(多)가치 사회, 정보사회에 접어들면서 국가의 단일한 교육 일체에 대한 감독권의 근거는 현실적실성을 상실해가고 있다. 이제 다수의 시민들은 국가가 선의를 가지고 베푸는 국가중심 교육체제에 의혹을 제기하고 있다. 국가 역시, 재정부담의 한계봉착과 국가주도정책의 비효율성이 드러남으로 인해 교육영역에서 권한의 과부하를 실감하고 있다. 국가가 수도하는 교육정책, 국가가 가지고 있는 교육에 관한 절대적으로 당연시된 권한은 사회변화에 걸맞은 방향으로 바뀌어야 할 시점에 이른 것이다.[10]

---

10) 현대 공교육제도를 탄생시킨 서양에서조차 '공교육 실패'라는 말에서 더 나아가 심지어 '붕괴하는 공교육'이라는 말이 나오고 있다. 그리하여 '학교교육이 공동선을 위하여 과연 필요한가'라는 심각한 문제가 제기되는가 하면, '이제 우리 앞에 놓인 과제는 공교육제도를 어떻게 개혁하느냐가 아니라 무엇으로 대치하느냐'라는 근본적 변화의 주장까지 나오고 있다(김신일, 바부킨 편, 2005: 49). 한국의 교육정책 형성과정은 미국이나 일본의 그것과 유사하다. 게다가 김안나(2005)의 글에서 보더라도 교육의 국가주도는 아직까지 세계적인 추세이다. 그리하여 동서양을 막론하고 공교육이 위기에 처해 있음은 국가 중심 교육체제 자체의 현실적실성의 문제라 여겨진다. 민주화, 탈현대적 조건, 비정치적 시민사회의 활성화라는 시대상황 속에서 국가가 중심이 되어 기획되고

　그렇다면 교육영역에 관한 권한의 이양은 어떻게 이루어져야 하는가. 이 물음에 대한 답은 교육행정 혹은 교육정책이 대상으로 삼고 있는 교육의 특성, 그 본질적 의미 속에서 찾아 나갈 수 있을 것이다. 김윤섭(2003: 99-100)이 밝히고 있는 정책대상으로서 교육이 갖는 세 특성과 각각의 의미는 다음과 같다. 첫째 사회성이다. 사회성이란 교육의 목표가 사회적으로 규정되고 교육의 내용이 사회문화, 즉 문화재와 가치관의 전수와 발전을 주로 하며 교육의 과정이 교사와 학생 또는 학생 상호간에 있어서 제도화된 사회활동의 틀 속에서 이루어지고 있다는 뜻이다. 둘째, 공공적 활동으로서 교육이라는 의미의 공공성이다. 공공이란 단순히 개인의 이해관계를 넘어서 사회의 일반이익에 관련되어 있음을 의미한다. 오늘날 교육은 교육정책의 직접적인 대상자에게만 그 이익이 귀속되지 않는다는 뜻에서 공공성이 증대되고 있다고 할 수 있다. 즉 사회 전반에 그 혜택이 귀착되거나 사회 전반에 이해관계가 얽혀 있다. 셋째, 교육정책의 대상이 되는 교육은 조직적인 교육활동에 국한된다. 조직이란 공동목표를 추구하기 위하여 협력관계를 바탕으로 이룩되는 분업의 체제이다. 그것은 공동목표를 달성하기 위한 업무의 분담과 인원의 배치를 필수의 조건으로 하며 반드시 공동목표달성을 위한 협동행위를 전제로 한다. 아래에서는 이상의 사회성, 공공성, 조직성의 의미를 본 연구의 주제와 관련해 재고찰하였다.

　먼저, 사회적 특성을 띠는 교육은 교사, 학생, 지역사회구성원의 상호작용 속에서 이루어지는 것이다. 여기서 국가가 교육적 상호작용의 주체에서 제외되는 것은 탈현대적 사회조건하에서의 국가의 권한 및 역할한계와 관련이 있다. 즉 탈현대사회는 인간 삶의 질 문제

---

　실행되는 제반 교육정책들이 학교사회에 성공적으로 안착되리라는 기대는 지나치게 이상적인 것이다.

에 관심을 갖고 다양한 가치의 공존을 수용하는 바, 권력의 중심에 선 국가가 교육적 상호작용의 한 축이 될 경우 교육적 상호작용이 국가를 중심으로 형성되게 됨으로써 탈현대적 가치추구가 근본적으로 곤란해지게 되는 것이다. 그러므로 바람직하기로는 국가가 교육적 상호작용 자체의 한 주체로서보다는 개인들의 교육적 삶의 양태를 보호하고, 갈등을 중재하기 위한 교육영역 외부의 주체로 남는 것이다. 결국 교사, 학생, 지역사회구성원의 교육적 상호작용 내부는 사회적 상호작용이라는 개념의 본래적 의미인 수평적 인간관계, 상호존중과 상호이해의 교육적 행위로 채워져야 하는 것이고, 그 외부는 교육적 상호작용이 일어나는 교육영역과 국가 간의 상호작용, 즉 양자 간 수평적 상호관계 속에서 상호존중과 이해의 사회적 행위들로 채워져야 하는 것이다. 이것이 바로 교육이 갖는 사회적 성격의 본래적 의미여야 하는 것이다.

공공성의 의미 역시 다시 살펴야 할 필요성이 있다. 전석환(2004: 132)은 '공공성'이 현대에 이르러 '도구적 이성'에 기인하는 조작된 여론에 의해 이끌어지고 있음을 밝히고 있다. Habermas의 분석을 인용하여 그는 왜곡된 '공공성'의 의미는 생활세계가 체계에 의해 왜곡되는 식민화 현상과 결부지어 정부체계, 경제체계의 과도한 침투로 공공성의 달정지회, 공공성 구조의 왜곡이 생겼음을 주장한다. 본 연구의 입장과 결부지어 말하자면, 근사의 교육성책개념에서 주장하는 공공성은 국가의 과도한 개입으로 인해, 관료에 의해 조작되고 교육영위자들의 교육정책에 대한 무관심을 가속화시키는 결과를 초래함으로써 제 의미를 놓치고 있다는 것이다.

본래 공공성은 사적적 의미로 '사회나 단체이 여러 구성원과 관계되는 성질'이라 규정된다. 또 공공복리에 대한 기본권의 제한으로 사회 다수의 행복, 공동이익에 대한 사회정책 차원의 개념이다(이영

희, 2005: 89, 181). John Rawls는 공공성 혹은 공동이익을 평등한 시민의 위상과 연계짓는다.

> 모든 사람의 이해와 관련된 문제……이 경우에는 공동이익(common interest)의 원칙이 적용될 수 있다. 이 원칙에 따르면 제도의 평가는 모든 사람이 똑같이 그들의 목표를 달성하는 데 필요한 조건을 그 제도가 효율적으로 보장하는 정도나 그 제도가 모든 사람에게 비슷한 이익을 주게 될 공동목적을 효율적으로 증진하는 정도에 의해 이루어진다. 그래서 공공질서와 안녕을 유지하기 위한 합당한 규제나……효율적 방도는 이런 의미의 공동이익을 증진시킨다.……가능한 한 이 기본구조는 평등한 시민(equal citizenship)의 입장에서 평가되어야 한다 (J. Rawles, 황경식 역, 2003: 146－147).

이재정(2004: 8－10) 역시 공공성(publicity)의 의미가 위로부터 정치적 제재 없이 그리고 밑으로부터는 촉박한 경제적 이해로부터 해방된 유산계급시민(부르주아)의 사적 주장들이 펼치는 공공토론에 내재해 있다고 하면서 Habermas의 중세사회에서 근대사회로의 이행에 대한 분석을 근거로 제시한다. 공공성(publicity)의 최초형태는 초기 절대 국가 시기에 군주 혹은 귀족계급이 일반 사람들 '앞에서' 그들의 공적 권위를 재현하는 과정을 통해 구성되었다. 이때 공적 권위, 혹은 공공성은 군주에 속하는 하나의 속성이며, 따라서 공중 (public)과는 대척적인 의미를 가지는 것이었다. 이런 공공성을 과시적 공공성이라 하며, 여기서 시민들은 군주의 과시를 위한 배경역할을 하는 것으로 등장할 뿐이다. 17세기 후반에 들어서면서 시민사회의 사적 영역이 가지는 고유한 공적 특질에 대한 부르주아 엘리트들의 새로운 자의식은 공공성의 개념에 중대한 변화를 가져오게 된다. 공중의 실제적인 구성원이었던 교육받은 신흥부르주아 계층은 점차

적으로 스스로를 국가관료체제나 궁정과 대립되는 실체로 규정하게
되면서 공공성을 자신들의 고유한 집단적 속성으로 파악하게 된다
(박춘서, 2002: 372, 여건종, 1996: 289－290). 이러한 의미의 공공성
이 근대적 의미의 공공성으로서, 국가개입주의에 의해 왜곡되기 전
의 본질적 의미이다. 그러므로 지금의 한국교육정책 개념에 담긴 공
공성의 의미가 갖는 국가독점성은 국가개입주의에 의해 왜곡된 특성
이 지금에 이르러 나타난 것이거나, 다른 한편 초기 질대국가 시기
의 군주나 귀족계급이 누리는 특권의 현대적 재현이라 할 수 있다.

하상진(1986· 77)은 공공성이란 인간들이 각기 개인들의 사사로운
이익과 필요에서 벗어나 자기의 인간다움과 특색을 대등한 입장에서
겨루어 보는 인간대면(人間對面), 직접적인 인간관계의 그물에 의해
실현되는 것이라 지적한다. 그러므로 공공성을 꾀하는 교육정책이라
면 인간관계의 출현공간, 즉 공공영역을 회복하여 인간관계를 물질
이나 권력에 의해 매개되는 수단적·간접적 관계, 인간소외, 나아가
세계소외를 극복해야 가능한 것이다.

나병현(2004, 김신일·박부권 변, 2005: 9－10, 재인용)은 공공성의
의미를 세 가지로 구분하는 바, 국가적 관련성, 다수에 관계된 공통
성, 만인에 대한 개방성11)이 그것이다. 첫 번째 특성은 사실을 기술
하는 서술적 의미이며, 두 번째와 세 번째 특성은 마땅히 갖추어야
할 규범적 특성이라고 한다. 그 중에서 '국가적 관련성', 즉 국가에
관련된 공적인 의미를 담는 공공성의 의미는 1990년대 이래, 비정부

---

11) 첫째, 국가적 관련성은 국가에 관계된 공적인 것이라는 의미로서 국가
에 의한 강제라는 부정적 함의가 있다. 둘째, 다수에 관계된 공통성은
특정 개인이 아니라 모든 사람에게 관계된 공통의 것이라는 의미로 사
심, 사적 이익과 구분된다. 셋째, 만인에 대한 개방성은 누구에 대해서
도 개방되어 있다는 의미로 공간이나 정보 측면에서 누구든 접근하는
것이 거부되지 않는다는 것이다. 비밀, 사생활이라는 개념과 구분된다
(나병현, 2004, 김신일·박부권 편, 2005: 9－10, 재인용).

조직(NGO) 활동, 시민운동 등 민간차원의 자발적 연대로 그 의미를 상실했다고 한다. 게다가 국가관련성이라는 공공성의 의미는 기실 앞서 제기한 순환론적 오류, 즉 국가의 필요성에 의해 법적, 학문적 체계를 세운 뒤, 다시 그것을 근거로 교육에 대한 국가독점성을 주장하는 형국이다. 다시 말하면, 역사적 계기로 인해 공공성이라는 의미의 일부로 담겨지게 된, 그러면서도 역설적으로 우리 사회에서는 그것이 주(主)가 되는 것처럼 이해되는 '국가적 강제'는 근대국가 초기에 국가개입증대의 필요성에서 일시적으로 빚어진 비본질적 성격일 뿐인 것이다. 그렇다면 '다수에 관계된 공통성', '만인에 대한 개방성'이 공공성의 본질에 더 가깝다고 할 수 있다. 그리고 이러한 의미의 공공성은 정책이나 프로그램을 평가하는 역할, 주관적이고 편협한 가치를 객관적이고 보편적인 가치로 전환시켜주는 역할, 공존체제를 구축해 주는 역할을 한다(장덕호, 1998: 90). 그러므로 교육정책 개념 상에 등장하는 공공성의 의미를 현실화하기 위해서는 교육정책 형성과정의 투명성과 함께 교육정책에 영향을 받는 교육영위자들 다수가 교육정책 형성과정에서 제 역할을 찾는 방향으로 나아가야 할 것이다.

조직성 역시 공중이 세운 공동의 목표를 달성하기 위해 공동의 노력, 공중의 합의가 요구된다는 점에서 본질적으로는 교육정책에서 국가 주도적 방식을 거부하는 것이다. 물론 조직이라는 개념이 갖는 다양성을 근거로, 국가 중심의 형평성 유지 등을 이유로 본 연구의 주장에 반박할 수 있으나, 군대조직과 같은 특별히 엄격성을 요하는 조직을 제외한다면 그리고 오늘날과 같은 탈현대적 조건 하에서의 구성원들을 염두에 둔다면, 사회화나 자아실현같은 집단적이자 개인적인 목적을 아우르는 교육제도들에 있어서 조직성을 결코 위계적이거나 일방적인 것으로 정의해서는 안 될 것이다.

통용되는 개념은 그 개념이 작용하는 공간에서 삶을 영위하는 개인 혹은 집단의 사고를 묶는다. 정책결정자와 정책수혜자에 대한 분리적 이해, 국가가 주도해서 공권력을 발휘해 교육정책을 결정하고 시행한다는 사고방식, 참여의 제한 등과 같은 시각들이 기존의 교육정책개념 자체에 문제의식 없이 담겨 있음으로 인해 교육정책 형성과정에서 비민주적 특성들의 발현이 합리화된다. 설사 교육행정이 민중통제의 원리에 의해 수행된다는 식의 민주적 원리를 염두에 두고 있다손 치더라도 그러한 이해를 강조하는 학자들 역시 "이러한 민주적 방식은 주로 대의정치에 의해서 이루어진다. 이것이 비로 국민이나 학부모가 교육정책의 결정과정에 침여하는 길이기노 하다(정태범, 1999)"는 대의적 참여방식을 두둔하는 바, 이는 국가주의 교육법제 하에서는 참여의 진정성을 실현하지 못해 참여 자체를 무력하게 하는, 다시 말해 '참여에 대한 학습된 무기력화'를 조장한다.

분화된 탈현대사회에서 국가는 더 이상 국가형성 초기의 근대민족국가로서의 위상, 교육 일체를 감독하는 권한자로서의 위상이 요구되지도 않으며, 그러할 수도 없다. 그리고 교육정책은 교육의 사회성, 공공성, 조직성의 진정한 의미를 살리기 위해서라도 또한 국가의 교육정책 '집행' 주체로서 정당성을 회복하기 위해서라도 진정한 의미에서 국민적 합의를 바탕으로 하지 않으면 안 된다. 국가가 주체기 되어 형성되는 교육정책은 그것이 현실을 세내로 파악하지 못한 소치이기도 하려니의 합의되지 못했음으로 인해 더욱 더 정당화되지 못한다. 그러므로 이제 국가를 중심에 두는 공교육 개념과 교육정책 개념의 전환이 요구되는 시점에 와 있다. 교육정책의 개념 속에서 국가가 교육을 전담하는 주체라는 의미의 공교육이 아니라, 공중(公衆)이 교육성책형성의 수체가 된다는 공교육이 이미가 담겨져야 할 것이다. 이는 복잡한 현대사회에서 국가역할의 과부화 현상을 해소하기 위해, 경제부처나 기업의 요구에 대항해 공중의 힘으로 교육논리를 지켜내기 위해, 현실과 괴리되는 교육정책의 남발을 막기 위해, 그리하여 종국에는 모두가 참다운 삶의 방향을 찾기 위해 반드시 선행되어야 할 일이다.


## 2. 교육의 공공성 앙양과 교육의 자율성 확보 사이의 긴장: 공동체주의와 신자유주의의 이념공방

개념이 경험적 사실을 이끈다면 이념은 개념을 형성하는 토대가 된다. 신현석(2005: 18-20)은 이념을 추상적 개념과 실천적 개념으로 구분하면서, 추상적 개념으로서 이념은 '인간생활의 다양한 장면에서 얻어진 경험을 이성의 작용을 통해 도식적 개념체계로 규정하는 원리적 사고의 틀'이라 규정하고, 실천적 개념으로서 이념은 '이상을 지향하도록 현실적으로 인간의 행동을 추동하는 데 작용하는, 인간생활의 기저에 흐르는 원리와 철학'으로 정의한다. 현재 한국사회에서 통용되는 교육정책의 개념에 대한 이해를 더 풍부히 하기 위해서는 한국사회에서 펼쳐지는 교육정책에 대한 이념공방 역시 확인해야 할 대목이다.

문민정부 이후, 한국교육정책의 기조로서 신자유주의가 자리잡아 국민의 정부에 들어 더욱 구체화되었다(김용일, 2001, 김대현, 2001, 신현석, 2003a: 427). 교육영역에서 경제적 (신)자유주의를 선호하는 부류는 그들의 입장이 사회변화에 따른 국가경쟁력 확보를 위해 불가피한 것으로 여기며, 교육소비자의 선택권, 자율권을 확보하고, 공급자12) 간의 경쟁을 야기하여 교육의 효율성을 극대화하자는 주장을 내세운다. 이는 현재 교육에 대한 독점권을 갖고 있는 국가 혹은 관료를 시장경제체제와 상호 대립되는 관계로 설정하고, 교육체제를 국가경쟁력 확보를 위한 기능적 도구이자, 시장경제체제의 하위체제로 이해하는 것이다. 여기서 교육수요자는 시장에 의해 작아진 정부의 통제를, 그 작아진만큼 덜 받으면서 경쟁하는 공급자들을 상대로 자신들의 자유선택권을 발휘할 수 있는 존재로 간주된다. 물론 이러한 신자유주의적 입장은 실제로는 한국의 국가 중심적 사고체계 및 관행과 어우러져 교육수요자의 자유권과 교육공급자의 경쟁 역시 ― 실제 거대한 교육공급자임에도 불구하고 결코 그런 사실을 자인하거나 공언하지 않는 ― 국가 혹은 관료가 제공하는 시장적 교육환경 속에서야 비로소 가능한 양상으로 드러난다. 한국사회에서 국가와 교육시장에 대해 교육수요자는 실제로는 종속적 교환관계에 놓인 것으로 볼 수 있다.

신자유주의적 교육정책을 비판하는 측은 공동체주의로 발전된 공화주의적 입장을 취하는 경우가 있다. 이들 공동체주의자들은 (신)자유주의가 학교공동체를 해체시키고 있으며 교육의 논리를 경제논리로 대치시킴으로써 교육본질을 왜곡시키고 있음을 지적한다. 이들은 교육영역에서 형평성, 복지문제를 해결하기 위해 복지부문에서 정부역할 강화, 공교육체제의 재활성화를 주장하며, 교육정책에서 이러한

---

12) 국가가 학교나 교사를 '공급자'로 규정하는 것은 넓은 의미에서 국가가 스스로를 '공급자'로 규정하는 것이 된다. 한국사회에선 현실적으로 국, 공, 사립의 초, 중등교육기관, 고등교육기관을 막론하고 국가는 구체적인 설립자이거나 학교체제를 구성하는 주체가 되기 때문이다. 이런 의미에서 한국사회에서 지방교육자치제에 의거해 형성된 교육정책이나 교육체제 역시 결코 형성주체, 평가주체로서의 국가로부터 자유로울 수 없으므로 국가 중심적 사고의 테두리 안에 머문다.

입장들이 지향되어야 한다고 주장한다. 이들은 교육정책에 대한 근래의 불신과 회의, 학교공동체의 해체를 신자유주의적 교육정책의 당연한 귀결이라 이해한다. 이들의 입장은 국가(관료)와 경제체제 공히 교육을 영위하는 집단과 대항관계에 놓이며, 국가(관료)와 경제체제는 서로 맞물려 이데올로기를 양산해 자신들의 입지를 넓히려 하므로, 교육집단은 국가(관료)에 대항해 민주화, 복지화를 요구하고, 시장에 대항해 계급평등을 요구해야 한다는 것이다.[13]

　(신)자유주의적 교육정책을 지지하는 입장이나 비판하는 입장이나 공히 국가에 종속되거나 혹은 국가에 대항하는 식의 국가 중심적 사고에서 벗어나지 못하고 있어 한국교육정책에 대한 위기를 촉발시키는 한 계기가 되고 있다. 게다가 한국교육정책에 대한 이들 입장들은 전자는 국가와 시장의 하위체계로서 자리하고 있는 교육영역에

---

13) 민주주의의 이론사를 일별해 보면 두 가지 큰 흐름으로 나뉨을 볼 수 있다. 하나는 Locke로 대표되는 자유주의적 민주주의로서 신체의 자유, 재산권, 사생활보호권 등 소극적 권리 중심의 기본권 보호를 우선시한다. 다른 하나는 Rousseau로 대표되는 공화주의적 민주주의이다. 정치적 참여권, 의사소통의 권리, 사회권 등 적극적 참여적 권리를 중시한다. 이러한 갈등관계는 현대정치이론에서 두 가지 큰 논쟁으로 비화되어 계속되는바, 한편으로는 권리지향적 자유주의와 공동체주의, 다른 한편으로는 엘리트 민주주의와 참여민주주의가 그것이다. 권리지향적 자유주의는 신성불가침의 권리 보호를 최우선시하며 공동체성 강조는 인권침해, 개인의 자유발전을 저해하므로 법을 통해 권력의 다수에 의한 자의적 행사를 막는 데 주력한다. 공동체주의는 권리란 공동체에 의해 서로에게 부여되고 인정되는 것으로 이해하며 인민주권을 강조한다. 공동체에 앞선 개인의 권리는 허구이며 법은 인민의지의 표현이라고 이해한다. 엘리트 민주주의는 복잡하고 다양한 현대사회에서 정치는 고도의 전문지식을 갖춘 정치엘리트에게 맡겨져야 하며 인민주권이란 기껏해야 자신들의 대표를 뽑는 투표의 권리로 축소된다. 참여민주주의는 엘리트민주주의가 지배를 은폐하는 것뿐이며 시민의 참여 속에서 정치가 이뤄져야 함을 주장한다(강병호, 1999). 이러한 민주주의에 대한 이해의 대립, 즉 개인 대 집단의 대립은 주체철학으로 대변되는 근대철학의 산출물이기도 하다.

과도한 경제논리를 도입함으로써 교육체제를 왜곡시키고, 후자는 교육영역에서의 온정주의적 국가개입주의를 증대시켜 본의 아니게 결과적으로는 교육체제의 자율성을 저해함으로써 지금의 학교공동체 해체위기를 가중시키는 데 일조하게 되고 이는 한국교육정책의 정당성 위기 문제로 비화된다.

한국교육정책을 둘러싼 자유주의와 공동체주의(수월성과 형평성)의 이념공방 속에서도 자리잡고 있는 이러한 국가 중심적 사고는 한국교육정책 형성과정 속에 근간 원리로 전제되고 있다. 그러나 근대 국가가 갖는 국가 개입주의와 계속되는 자유와 평등 산의 대립으로는 더 이상 고도로 분화된 탈현대의 조건에서 사회질서를 유지하고 통합을 이뤄내기에 적합하지 않다. 국가(관료)체제와 시장경제체제는 효율성 논리에 입각해 운영된다. 이에 반해 교육체제는 독자적인 교육논리에 의해 작동된다. 혹여 교육체제 역시 효율성 논리에 의해 전적으로 운영된다거나 그래야만 한다고 생각한다면 이는 자유주의적 사고에 오랫동안 경도된 결과이거나 부분적인 사실을 확대해석하는 과잉일반화의 오류를 범하고 있는 것이다. 상호간 지지논리가 다르다면 이들은 다른 영역에 속하고 이들 간에 상하관계(종속관계)를 논하기는 어려워진다. 또한 한 사회의 존속 혹은 발전을 염두에 둔다면 이들 영역은 서로 대립관계에 놓여서노 안 된다. 각자 나름의 논리에 터해 계속적인 발전이 이루어시고, 어느 한쪽의 일방적인 개입, 즉 종속적 개입의 여지가 없는 상호 조화와 균형을 유지할 수 있어야 한다.

요컨대, 21세기는 기존의 주체 중심 철학, 근본주의 이념에 대해 불가피하게 능을 놀려야 할 때이다 제반 인간 삶의 영역에 대힌 중심적 역할을 수행하는 국가라는 패러다임은 이제 탈현대적 조건 속에서, 그리고 탈형이상학적 현대사회 속에서 소진되었다. 실제 국가의 정치적 영역은 경제체계 및 시민사회와 함께 사회통합을 이루기 위한 하나의 부분으로 자리매김되어야 할 것이다(김현희, 윤영민, 1999: 226).

한국에서 통용되는 교육정책 개념을 내용상의 불분명성, 내재된 국가관, 이념공방을 중심으로 살펴본 결과는 다음과 같으며, 그 결과를 통해 교육정책 영역에서 위기적 현상의 원인까지 찾아볼 수 있었다. 첫째, 교육정책형성은 전적으로 국가의 몫이라는 공교육체제형성 초기의 개념이 아직까지 영향력을 발휘하고 있다. 근대민족국가에서 교육정책을 형성함에 있어 학교교육을 제대로 받지 못한 시민들의 개입이 불필요했었고, 비효율적인 것으로 간주되었으며, 시민들 역시 교육정책이라는 전문적인 분야에 자신의 목소리를 담아내려는 의지나 노력도 부족했었다고 볼 수 있다. 이러한 사고관행은 교육정책 개념에 내재되어 오늘날까지도 교육정책형성의 근간이 되어 오고 있다. 둘째, 민주주의의 공허화이다. 민주주의를 실현해내기 위한 제반 사회적 조건은 갖춰져 가고 있으나 교육영역에서는 민주주의적 조건(기본요소)에 대해 제대로 이해하지 못한 상황에서 급속한 세계정세의 변화에 보조를 맞추는 데에만 급급한 것이다. 세계화 논의, 신자유주의적 교육정책, 제도적 조건이 미비한 상태에서 관료에 의해 선택적으로 동원된 참여양태, 정부가 온정주의적 방식으로 채택해 온 평준화 정책들이 그 예가 될 수 있다. 셋째, 법전문가에 의해 위에서 아래로 부여된 후견주의적 법 이해방식 역시 비판의 대상으로 삼아야 할 것이다. 하나의 소규모 조직에서도 개인 외부에서 부여된 규칙보다는 구성원들의 참여로 결정되어 수용된 규칙이 더 영향력이 있다. 더군다나 구성원들의 참여에 의한 규칙형성절차가 제도화되어 있다면, 그래서 절대적인 것은 절차의 제도화일 뿐이라면 급속한 사회변화에 유연하게 대처할 수 있는 규칙이 상황적합적으로 형성될 수 있을 것이다. 일개 조직에서도 이럴진대 국가구성원 전체가 지켜야 할 규칙인 법을 전문가가 주장하는 바, 공익을 위한다는 선의만을 믿고 전문가에게만 내어맡기고 일단 정해진 법은 설사 악법이라도 지켜야 한다는 것은 반민주적인 법이해방식이다. 이는 오랜 식민통치가 종식된 후 소수 지도자들에 의해 법이 제정되고 강제되었던 한국의 시대적 배경으로 인해 형성된 불가피한 법문화이기도 하다.

그러나 이제 학교교육은 보편화되었으며, 일부 학교에서는 학생정원을 채우지 못하고 있고, 평생교육, 가상(cyber)교육이라는 개념이 등장하면서 나이, 지역적 제한 없이 교육이 이뤄지고 있다. 이세 나수의 참여가 효율성을 저해한다는 근대적 시각은 버리고 교육정책의 대상이 되는 다양한 시민을 동시에 교육정책형성의 주체로 내세워야 한다. 나아가 민주주의에 대한 규범적 이해를 통해 국가의 역할 한계를 인식하고, 참여의 진정한 의미를 찾아 나가야 할 것이다. 또한 법 이해에 대한 새로운 패러다임이 요구된다.

# 한국교육위기와 한국교육정책 형성과정의 국가 주도성, 그 극복을 위한 노력[14)]

　언론매체, 그리고 교육영위자들과 교육전문가들이 근자의 교육과 교육정책에 대해 '위기'적 경향을 보이고 있다고 말한다. 지금의 교육위기는 무엇보다도 교육정책과 그 현실적 주체들에 대한 신뢰의 부족 때문에 더 증폭되고 있는 것으로 보인다. 밖으로는 교육정책가와 국민 간의 의사소통 부재가 교육위기를 분출시키고 있고, 안으로는 교사와 학생 간의 의식소통의 결여가 교육의 위기를 안착시키고 있다(한준상, 2003: 189). 이러한 교육정책에 대한 회의와 불신은 지금 당면한 교육정책의 위기가 효율성의 위기라기보다는 오히려 교육정책의 정당성 위기와 직결됨을 보여준다. 그리고 이와 함께 드러나

---

14) 이 장은 Habermas가 「사실성과 타당성」에서 전개하고 있는 절차적 민주주의 이론의 기본적인 아이디어를 빌려 와 한국 교육의 문제에 접근하고 있다.

는 중요한 사실은 교육정책의 정당성 문제가 각계각층 사람들의 우려의 목소리로 그 실체를 드러내는 순간, 그 문제의 해법이 동시에 표출된다는 점이다. 즉 대다수의 사람들이 표출하는 우려 속에는 그저 암울한 현실의 실체만이 드러나는 것이 아니라 교육정책의 진정한 주체들이 정책형성의 주체로서의 위상을 확인하고, 자신의 주장을 내고자 하는 의욕과 낼 수 있는 능력이 갖춰져 있음이 드러나고 있는 것이다. 그리하여 사람들의 교육에 대한 우려 속에서 교육정책의 정당성 위기는 그 극복의 출발선에 서 있는 것으로 이해될 수 있을 것이고, 교육정책 형성과정에서 교육영위자인 국민이 주인 된다는 의미에서의 진정한 민주주의적 가치가 추구되어야 하고 추구될 수 있다는 지향점 또한 우리는 확인할 수 있다.

탈현대적 시대상과의 조응, 교육(정책)은 그렇게 그 시대를 살고 있는 사람들의 삶의 조건, 삶의 방향과 밀접한 관련 속에서 모색되어야 한다. 삶의 조건, 사람들의 가치가 바뀌게 될 때, 교육(정책)도 그 방향과 형태를 달리할 수밖에 없다. 그렇지 않고서는 교육, 국가, 개인 그 어느 쪽도 진보의 길을 걸을 수 없으며, 건전한 사회통합도 이뤄내지 못할 것이다.


# 1. 국가와 개인의 관계


지금까지 한국의 교육정책 형성과정은 소수의 결정자와 다수의 시혜층을 전제하고 있으며, 결정하는 사람과 적용받는 사람을 분리시키고 있다. 이렇듯 공급자와 수요자, 시혜자와 수혜자, 발신자와 수

신자, 가르치는 자와 배우는 자, 이끄는 자와 따르는 자의 사고틀은 서양 근대 철학의 의식철학, 주체철학 패러다임에 근거한 구분이라 할 수 있다. Descartes로부터 시작된 서양 근대철학의 주체중심의 문제설정은 인식주체와 인식대상 간의 넘을 수 없는 간극을 생산해 냈고, 이는 나아가 실천철학의 영역에서 개체(실천적 주체)와 공동체 사이의 해소하기 어려운 대립이라는 고질적인 난제를 만들어 냈다. 이러한 의식철학적 사고틀로서는 과거의 소비자를 이제는 프로슈머(prosumer로서 producer와 consumer의 복합어)라 부르는 경제학적 개념이나 Habermas의 법이 저자이자 수신자 개념, 국민이 정치의 대상이자 동시에 정치의 주체라는 것의 의미, 과거 우리 선조들의 가르치는 일이 곧 배우는 일이라는 사고방식을 이해할 수 없다. 이러한 의식철학적 패러다임이 서구 대중교육과 한국 근대교육의 출현과정에서 형성된 국가중심적 사고와 결합되면 개인의 위상은 정책의 온정주의15)적 수혜자, 소비자, 수신자로 귀결되며, 이로써 개인의 자율성 침해와 집단 간 정책갈등의 야기, 여론 수렴부족 및 학교현장의 의견반영결여에 따른 정책의 정낭성 결여, 교육정책의 현실화 곤란 등의 문제들이 생길 수 있게 되는 것이다.

지금까지 한국교육정책 형성과정에서 국가는 실업, 경제난 등의 경제위기를 극복해야 하는 과중한 부담 속에서 위기극복의 한 방안을 교육영역에서 찾고 있다. 이러한 국가의 전략은 몇 가지 문제점을 드러난다. 첫째, 국가에 의해 교육영위자는 학부모와 교직단체,

15) 온정수의(paternalism)란 정부나 조직이 그 종사자에 대하여 가부장적 가족관계의 모델에 따라 보호하고 규제하는 체계를 말한다. 이는 Habermas에게서 후견주의와 흡사한 의미로 사용된다. 후견주의(Clientalism)란 전지사회적 자원이 부족한 피후견인들이 후견인에게 충성하는 대가로 보호와 지원을 얻는 체계를 가리키는 용어이며, 이때 후견인과 피후견인의 관계는 비공식적인 위계질서에 바탕을 둔다(Marion Gret & Yves Sintomer, 김택현 역, 2005: 17, 105).

정책을 찬성하는 축과 반대하는 축, 교육수요자와 교육공급자로 나뉘게 되는 바, 교육영역의 상층부에서 언론매체를 통해 이 정책의 당위성을 찾고, 정책을 홍보하면서 동시에 경제, 사회적 위기를 교육영위자 간의 이해대립으로 전환시키는 국가의 전략은 교육공동체 형성에 장애를 일으키고 결과적으로는 교육영위자의 정책에 대한 불신으로 이어져 국가정책의 정당성에마저 위기가 발생할 수 있다.

둘째, 국가가 교육영역을 통제하는 구조로 인해 교육영역의 민주화를 침해할 수 있다. 근자의 국가에 의한 교육영역의 통제는 여론을 등에 업고 마치 민주주의적 정책형성과정임을 가장해 이루어진다. 이러한 여론동원적 통제는 민주주의에 대한 오해에서 비롯된 것이다. 국가가 주도적으로 교육영역의 민주화를 이끌 수 있으리라는 오해, 민주주의의 주인으로서의 시민은 교육수요자라 명명되며, 교육공급자라 규정되는 교원을 민주주의의 주체에서 제외시키는 것이 타당하다는 오해가 그것이다.

셋째, 국가가 교육영역을 통해 경제위기를 극복하려는 노력은 교육영역의 생활세계적 특성으로 인해 근본적인 해결책이 될 수 없으며 오히려 또 다른 경제, 사회적 위기를 발생시킬 수 있다. Habermas의 절차적 민주주의 이론에 따르면 정치적, 경제적 위기해결은 그 나름의 조정매체인 권력과 화폐를 통해 이루어져 가야 한다. 그럼에도 불구하고 이 영역의 위기를 교육영역을 통해 극복하려는 노력은 오히려 교육영역은 내·외부적 혼란과 갈등을 야기하면서 국가체제 역시 해결하고자 하던 문제극복 외의 다른 정치, 경제적 위기에 봉착하게 되는 것이다.

넷째, 교육공급자로 규정되어 교육영역 민주화의 주체에서 배제된 교원과 구별지워진 교육수요자, 즉 교원 외의 교육영위자들 역시 위와 같은 국가전략의 희생양으로서 정책형성과정에서 제대로 의견을 개진하거나 정책결정에 관여하지 못한 채 단지 국가의 정책 당위성을 위한 수단으로 존재하고 있을 뿐이다.

지금까지 일부 정책들의 근본적인 한계는 국가가 교육영위자와의 수직적 위계관계를 계속해서 견지함으로써 수평적 관계설정에 실패한 것이라 할 수 있다. 국가와 교육영위자의 수평적 패러다임은 기존의 교육영위자의 위상을 확대시키며, 국가입장에서는 권한의 과부하에 따른 좌초위기를 극복할 수 있게 해 준다. 국가는 완전체, 절대선의 신적(神的) 영역에 존재하는 것이 아니라 인간적 영역에서 형성된 역사적, 제도적 산물이다. 그러므로 국가에 세상만물에 대한 지배, 조정, 통제권을 부여하는 것은 허상을 쫓는 일이며, 국가 스스로에게는 과중한 부담을 떠안기는 셈이 된다. 특히 교육영역은 국가체제유지를 위해 반드시 필요한 것이기는 하나, 국가의 한 하위체계로 머물지 못하고 인간의 비판적이고 의사소통적 이성에 의해 그 깊이와 폭이 확장되는 영역이다. 그리하여 쉽게 국가가 지배의 손을 내밀고 싶은 영역이지만, 동시에 쉽게 그 손아귀에서 빠져나갈 수 있는 영역인 것이다. 이러한 교육영역의 특성상 국가가 교육영역과 그 안의 교육영위자들을 장악하려는 노력은 처음에는 가능한 것으로 비춰지나 종국에는 허사로 그친다. 이는 국가교육정책의 기술적 효율성의 결여나, 정책 수(數)의 부족, 성장하는 세대의 규범적 혼란 때문이 아니라, 복잡하고 다원화된 현대적 조건, 국가기능의 태생적 한계, 교육영역의 정형화되기 어려운 특성 때문이다. 이제 교육영위자들은 교육영역에 대해 국가가 갖는 과중한 짐을 덜어주어야 할 의무와 권리를 깃고 실천해야 한다. 국가 역시, 자기한계를 인식하고, 교육영위자들의 어깨에 기댈 필요가 있다. 지금처럼 경제위기를 해소하기 위해 혹은 체제안정을 도모하기 위해 교육영역을 정치적으로, 경제적으로 이용하려는 가당치 않은 우를 범해서는 안 될 것이다. 이는 교육영역의 진

보를 위해서이기도 하지만, 국가체제 자체의 정당성 확보, 국가발전,
나아가 민주적인 사회통합을 위해서도 필수불가결하기 때문이다. 더불
어 교육영역에서 교육영위자의 권한 강조를 공동체적 사회가치의 희
생으로 보아서도 안 될 것이다. 기존 (신)자유주의와 공동체주의의 대
립처럼 개인의 자율은 공동체적 가치와 양립불가능한 것이 아니다.
개인의 사적 자율성과 동근원적 관계에 있는 공적 자율성의 동시적
보장이 탈현대적 조건에서 보다 나은 공동체성 회복의 방법이다.

## 2. 절차적 참여의 주체와 과정

　Habermas의 절차적 민주주의 이론에 따르면 '절차적 참여'라는 참
여양태가 제시된다. 절차적 참여란 다음과 같은 특징을 갖는다. 첫
째, 국가와 시민 사이의 전통적인 위계관계를 동요시키며, 기존 정치
체계에서 주변부에 있던 시민들을 참여체계의 내부자로 돌려놓는다.
또한 참여체계는 모두에게 열려 있다. 이 참여구조의 지평은 시민들
사이의 정치적, 법적 평등이며 절차적 참여과정에서 시민들은 정치
적 자율성과 사적 자율성을 동시에 보장받는다.
　둘째, 자율적으로 규제되고 시민의 직접 개입이 가능하다는 점에
서 절차적 참여는 비국가적이며, 시민의 자율적 자기조직화의 산물
이라 할 수 있다. 동시에 정치적 행위자와 국가관료에 대한 외적 통
제메커니즘을 수립하는 하나의 방식이다. 정부관료가 모든 일을 해
야 하고, 또 무슨 일이나 다 잘할 수 있는 존재로 생각하는 것은 바
꾸어야 한다. 오늘날 국가의 역할은 우리가 기대하는 만큼 민주적이

거나 효율적이지 못하다는 새로운 시각이 대두되고 정치나 행정 등 사회 여러 분야에서 시민의 참여욕구가 높아지고 있다는 조성일, 안세근(1996: 32)의 주장은 비국가적 절차적 참여의 시대조건과 사회적 필요성이 우리 사회에서 갖춰져 나가고 있음을 보여준다.

셋째, '정당한 법에 의한 제도화'에 의해 보편적 합리성을 확보할 수 있는 참여양태이다. 어떤 특정한 절차를 거치게 된다면 그 절차가 불가피하게 빚어내는 결과는 늘 얻을 수 있게 된다. 그러므로 관련 당사자의 참여에 의한 참여의 법적 제도화를 통해 개별사안의 특수성에도 불구하고 보편성과 객관성을 확보하게 된다.

넷째, 계속되는 과정으로 특징지워질 수 있는 참여양태이다. 이런 특성으로 인해 토의과정에서 다수결은 소수를 배제하는 결과가 아니라, 과정적 참여의 중간단계로서의 위치에 놓인다. 합의라는 의미에 내재된 다수결의 원리에 대한 Habermas의 견해는 다수결이 소수에 대한 다수의 전제가 아니라 올바른 답을 찾아가는 과정이라 간주한다. 물론 다수의 결정은 틀린 것일 수 있으나 그 당시 상황 속에서 그것은 단지 다수의 선호의 표현이 아니라 가장 합리적인 선택이라는 것이다.[16]

한국의 교육정책 형성과정에서 참여는 국가가 주도함으로써 국민참여가 상황에 따라 국가에 의해 재단되는 형국이나. 선거공약 달성을 통한 국민적 지지확보를 위해 국민의 투표용시와 낯바꿀 수 있는 정책을 개발하고, 시급하고 중대한 사안이라는 국가적 통찰에 입각

---

16) Habermas는 시민들이 적극적인 정치참여를 강조하지만, 그렇다고 해서 고대 그리스적인 의미에서의 직접민주주의를 옹호하는 것은 아니다. Habermas는 모든 국가권력은 국민으로부터 나온다는 국민주권의 원리로부터 민주적 의사형성에 필요한 기회균등의 참정권이 나오며, 이로부터 시민적 자율권의 제도화된 실천이 법적으로 실현될 수 있다고 본다 (사적 / 공적 자율성의 긴장해소).

해 효율적, 적극적, 신속한 해결을 위한다는 명분으로 국민참여를 제한하는 국가의 노력이 그 예이다. 무엇보다도 참여민주주의를 지향하는 정부가 판단하는 효과적 참여 정도, 즉 참여가 효과적이기 위한 참여양태에 대한 관료차원의 모종의 합의가 있는 것으로 보인다. 이처럼 기존의 국가주도적 국민참여가 갖는 특성으로 인해 교육정책 형성과정에서는 기실 실질적인 참여가 이루어지지 못하고 있는 것이다. 이에 대해 구체적으로 논의하자면 아래와 같다.

첫째, 정책 결정 주체, 참여의 범위, 시한 등을 제시해 주는 주체가 정부(국가)라는 대전제가 깔려 있어 참여는 소극적 상태에 머무를 수밖에 없고, 참여과정이 사실 법적인 의무사항이 아니기에 정부의 결정에 따라 폐지될 수도 있다. 더군다나 국민은 비공식 참여자로 이미 분류되어 있어 정책결정에 직접 영향력을 행사할 수 없는 위치에 놓인다.

하지만 매우 자주, 주민들이 개진하는 견해는 순전히 자문의 값어치만 가지며, 이로 인해 참여자들은 곧 지루해하며 그만두게 된다. 자신들에게 진정으로 중요한 일이 맡겨지지 않는다고 느끼기 때문이다.……사실 시민들에게 정치에 관심을 갖되 아주 간헐적으로 참여하며 동시에 실제적인 결정권력에서 사실상 배제된 채로 선거시기가 지나면 아예 무시당하는 상태로 있을 것을 요구한다는 것은 역설이다. 만일 참여가 이미 많은 권력을 가지고 있는 이들에게 더 많은 권력을 주는 것이라면, 그것에 노력을 기울일 가치가 있겠는가? 누구나 자유롭게 참여할 수 있다고 말하는 것도 너무 안이하다. 그런 주장은 순전히 형식적인 것이다(Marion Gret & Yves Sintomer, 김택현 역, 2005: 10, 121, 123).

둘째, 정부관료는 정책의 정당성을 확보해야 할 필요성은 인지하

면서도, 그들 사이에 참여가 비효율적이라는 사고가 만연되어 있어
제한된 국민참여와 대국민 홍보방식으로 정책의 정당성을 확보하고
자 한다. 그러한 입장은 민주주의와 효율성이 상충된다는 의식이 전
제되어 있고, 정책정당성의 중요성을 간과하거나, 아니면 정책의 효
율성이 정책의 정당성을 담보해준다는 잘못된 이해에서 비롯된다.
그러나 기실 교육정책의 정당성 위기와 효율성 위기는 그 위기원천
이 다르므로 분리시켜 이해해야 한다. 한편으로, 정치체계는 여러 부
분체계 중 하나로서 특수한 집합적 목표를 취하고 특정 갈등을 규제
하면서 다른 기능체계에 의해 제한받으며, 이런 한에서 행정권력의
효율성의 한계에 직면한다. 다른 한편, 정치체계는 법과의 내적 연관
(정치체계가 법적 형식에 따라 조직됨) 때문에 사회통합문제에 관여
함으로써 공론장, 생활세계적 원천과 관련 혹은 의존되어 결정의 정당
성 위기와 맞닥뜨린다(Habermas, 한상진·박영도 역, 2000: 460-463,
514, 515). 그러므로 교육정책의 정당성 위기 문제에 접근하려면 교육
정책이 관련되어 있거나 혹은 의존하고 있는 교육영역이 억압되어 있
지는 않은지, 시민들의 절차적 참여상에 문제가 있는지 밝혀야 한다.
이런 관점에서 볼 때, 가령 시민참여가 교육정책결정의 효율성에 장해
가 되므로 참여를 제한해야 한다는 식의 주장은 타당하지 못하다.

　게다가 민주주의와 효율성이 상충된다는 사고방식의 저변에는 엘
리트주의적 전망이 놓여 있는 바, 교육영역의 민주화를 위해서라도 '전
문화'라는 이름으로 모색되는 지식의 독점을 경계해야 한다(Habermas,
한상진·박영도 역, 2000: 386-387). 그렇다고 해서 참여가 행정의
전문성과 모순된다는 것은 결코 아니다. 경계해야 될 것은 전문성을
내세운 지식의 독점이지 전문성 자체가 아니다. 참여를 통해 진정한
기획의 정신이 발전될 수 있으며, 이를 통해 정부관료들은 전보다
더한 확신으로 과업을 완수할 수 있다. 이 효율성은 부족한 것들과

필요한 것들에 관한 정보를 확보하는 차원에서 발휘될 수 있을 뿐 아니라, 국민들의 가변적인 요구에 지속적으로 적응하는 정부의 능력이라는 측면에서도 발휘된다. 사실 정책결정관료가 그 많은 대안 중에서 가장 부작용이 적은 대안을 선택하려 할 때의 어려움, 비능률을 생각해 보았는지도 자문해보아야 할 것이다. 지금껏 최적의 대안을 궁리하기보다는 소수 관료가 취하는 속전속결의 '책상머리 결정'을 능률적이라고 생각했다면, 그것은 '능률'의 의미를 제한적으로 이해한 소치인 것이다(Marion Gret & Yves Sintomer, 김택현 역, 2005: ?).

그런데 참여문제에 있어 유의해야 할 측면이 있다. 그 하나는 토의가 무한정 늘어지면서 수렁에 빠지게 되는 것인데, 이를 위해 가령, 합의의 기미가 보이지 않는 의견의 차이는 사전에 합의해 둔 결정절차와 배분기준에 근거하여야 할 것이다. 즉 절차와 기준에 대한 논의가 참여과정의 개시에 선행하는 것이다. 다른 하나는 범위의 문제가 제기된다. 시민의 공적 담론은 대부분 지역차원에서 출발하는데, 문제는 지역범위에 뿌리를 두고 있다는 것이 아니라, 그 범위에 국한될 개연성이 있다는 것이다. 물론 이런 문제는 기우에 불과할 수도 있다. 대중매체의 발달, 인터넷의 확산 등 정보화의 물결은 더 이상 시민들을 지역이라는 우물에 버려두지 않는다. 게다가 시민들은 참여과정에서 공공성을 이끌어냄으로써 지역적 특수주의를 넘어서는 태도를 취하게 된다. 참여과정에 있어서 공적 토론의 규칙들을 고안하고 학습하는 것, 토론을 마비시키는 개인적 분쟁을 제한하는 것, 의결절차를 익히는 것, 좀 더 폭넓게 발언할 수 있도록 하는 것 등이 모두 학습과정의 대상이며 꾸준히 갱신되어야 할 과정인 것이다(Marion Gret & Yves Sintomer, 김택현 역, 2005: 105−106, 109, 183).

셋째, 정책결정에 참여하는 정부 관료들의 지적 토대가 되고 있는 외국의 선진학자들의 이론 역시 문제의 사안, 참여자의 수준, 참여수준, 참여방법, 참여내용 등에서 불가피한 한계를 긋고 있다. 가령 기존의 조직이론에서는 '효과적인 참여'라는 개념 하에서 정책결정 내용, 참여자, 참여의 준거, 참여의 단계, 참여의 정도, 참여의 방법에 대한 숱한 논의들을 전개해 왔다. 이들의 일관된 주장은 의사결정 결과에 대한 정당성을 확보하기 위해 참여가 필요하나 그 수준이나 방법에서 효과적인 범위가 따로 있다는 것이다. 가령 Bridges(1967: 51, 백승관, 2001: 334, 재인용)는 행정가가 구성원의 수용권 내에 위치한 결정들을 하는 데 구성원들을 참여시키면 결정은 비효과적이나, 수용권 밖에 위치한 결정들을 하는 데 구성원들을 참여시키면 결정은 효과적이라고 한다. 심지어 Owens(1981: 316, 백승관, 2001: 334, 재인용)는 관할권 검증(test of jurisdiction)이라는 개념을 제시하면서 구성원들이 통제력을 행사할 수 없는 의사결정에 참여를 허용하는 것은 전혀 참여를 허용하지 않는 것만큼 손해를 가져올 수 있다고 주장한다. 또 Lowi는 정책문제의 성격이 정책결정과정을 결정한다(김윤섭, 2003: 94, 재인용)고 주장하면서 문제의 사안에 따라 참여 여부 혹은 참여 정도가 결정될 수 있을 개연성을 암시하고 있다. 이런 식으로 행정가에게 참여권의 허용 여부를 맡긴 채 결정의 효과성과 효율성에 중점을 둔 참여논의는 밀현대적 그신에서 성책의 징당성 문세와 마수하게 되면 무력해질 개연성이 있다.

   요컨대, 기존의 교육정책 형성과정에서 시민들의 참여, 그들 요구의 수렴과정은 진정한 의미에서 민주적이라 할 수 없다. 이제는 교육정책의 민주성 원리라는 관념을 충족시키기 위해 참여를 동원하는 것이 아니라, 참여를 상녀함으로써 민주주의를 실현하려는 자세가 요구된다. 그리고 이때 참여는 참여의 절차까지 참여에 의해 결정되는 참여, 일시적으로 일어나는 하나의 사건이 아니라 지속적으로 이루어지는

과정으로서의 참여이어야 하고, 생활세계를 기반으로 하여, 자유롭고
평등하게 토론하여 사회적 문제를 해결해 가는 과정이어야 할 것이다.

## 3. 교육정책 형성과정의 주체

한국사회에서 정부는 공교육제도의 책임운영기관으로서, 합법적으
로 보장받은 공권력을 바탕으로 권위적이고 일방적인 상명하달식의
일방통행적 정책소통구조 속에서 존재해 왔다. 즉 교육정책의 형성
이 주로 대통령, 교육부장관, 교육부관계자, 정부당국자들을 중심으로
이루어져왔던 것이다. 한국교육정책 형성방식의 중앙집권적 방식, 즉
중앙정부에 의한 교육정책 형성권한의 잠식은 많은 학자들에 의해 지
적되고 있다(임천순, 2005: 11, 이일용, 2005: 71-72, 김안나, 2005:
100, 천세영, 2005: 110, 한숭희, 2005: 117, 김환식, 2005: 145-146,
최돈민, 1998, 심인선, 1992, 반상진, 1995, 조성일, 안세근, 1996, 홍성
훈, 1996, 장덕호, 1998, 오석환, 1998, 황석근, 1999, 조주호, 2000, 김
용일, 2001, 신현석, 2003a, 김혜영, 2002, 손흥숙, 2004). 정부가 중심이
되어 정책을 결정하고 집행하는 전형적인 국가정책독점체제로 인하여
여타의 집단들은 특정 정책에 관한 그들의 주장을 정책결정과 추진과
정에 제대로 반영시킬 수 없었다. 다만 정책집행과정에서 특정 현안
이 사회문제로 부각될 경우에만 여론조사나 자문기구를 통하여 국민
의 의견을 수렴하는 미봉적인 자세를 견지해 왔다. 특히 정책결정자
나 정책이해당사자 간의 갈등이 부각되는 경우에도 정부는 일방적인
지시와 규제로 대처해 왔다(최돈민, 1998: 2-3).

 기존의 자유주의 모델이 갖는 다원주의적 가정, 공익을 고려하는
국가정책 논의의 허구성을 지적하는 Habermas에 따르면, 정책형성과
정에서 정치권력의 집중화는 두 가지 반사실적 전제를 가지고 있다
고 한다. 그 하나는 오직 결정능력이 있고 혁신을 꾀하는 관료집단
의 합리성만이 행정기능의 공동선 추구를 충족시킬 수 있다는 것,
다른 하나는 관료집단은 개별정책을 위해 요구되는 대중적 지지를
스스로 만들어 낼 수 있고, 정책 목표 역시 스스로 결정할 수 있다
는 것이다. 이러한 전제하에서 국민의 역할은 본질적으로 선거공약
을 파악해 지도자를 선출하는 것으로 간주된다. Habermas는 1960년
대 후반 이래 독일의 사례를 예로 들면서 위의 전제들의 반사실성을
증명한다. 첫째, 당시 독일의 정부관료가 좌지우지하려 했던 학교를
포함한 하부기능체계들이 국가의 적극적이고 세부적인 개입조치에 완
강히 저항했다. 둘째, 부동층 유권자 동향의 예측불가능성으로 정부
가 주도권을 발휘하는 공간이 제한되고 있었다. 셋째, 정치혐오증이
늘어나면서 정부는 저항적 투표와 투표불참으로 인한 정당성 철회를
두려워하지 않을 수 없게 되었다는 것이다(Habermas, 한상진·박영도
역, 2000: 401-403). Habermas가 지적하고 있는 독일의 사례에서도
보다시피, 교육정책 형성과정에서 정치권력이 주체가 되어 주도권을
장악하는 것은 민주화에 역행하는 것이며, 또한 딜윈내적 사회소선에
도 부합하지 못하는 것으로 보인다.
 교육정책 형성과정의 주체가 국가가 됨으로써 예상되는 문제점은
다음과 같다. 첫째, 교육정책 형성과정의 관료화를 강화시켜 교육영
위자의 요구와 필요가 그 형성과정으로부터 배제되어, 가령 사교육이
과잉팽창의 통력이 될 수 있다. 국가가 교육정책 형성의 주체가 된다
는 것은 교육영위자의 객체화, 좀 더 유연한 표현으로 소비자 혹은
수혜자화를 동반한다. 정책의 소비자나 수혜자로서 교육영위자는 위

에서 예로 든 대학입학 시험정책과 같이 교육영위자의 구체적인 삶의 문제와 연관되는 정책에서까지 소외적 위치에 놓이게 된다. 제 삶의 주인으로 서고자 함(사적자율)은 인간의 본래적 특성이며, 천부인권으로서 그리고 생태적 본능으로서의 개인의 사적 자율성은 공적 자율성과 불가분의 관계를 갖는다. 다시 말해, 개인의 사적 자율성의 발현공간이 결여된 공교육영역은 동시에 공적 자율성 발현도 어렵게 되며, 공적 자율성 발현을 제도적으로 억압하는 공교육영역에서 사적 자율성은 설 자리를 잃게 됨으로 정부의 정책 목표 가운데 개인과 학교의 자율성 논의는 실현이 어렵게 되는 것이다. 그리하여 개인들은 그나마 사적 자율성을 발현할 수 있는 사교육영역에 열의를 다해 참여하게 되는 것이다. 몇조 원에 이르는 사교육 시장, 공교육의 위기문제를 시민들의 이기심의 발로나 부정적인 의미의 과잉교육열, 교사들의 전문성 부족, 요즘 학부모나 학생들의 열외적 행태 등에 귀인시키기 이전에 교육정책 형성과정에서 그들의 위상을 입안자의 반열에 올려놓았는지, 그들의 목소리를 충분히, 그리고 실질적으로 담아내려는 노력이 있었는지 먼저 자문해 보아야 할 것이다.

둘째, 권력을 가진 소수집단의 교육통제는 그 외 계층에게는 이롭지 못한 방향으로 정책이 결정될 가능성이 커지게 되므로 국가가 주장하는 국가주도 교육정책의 공공성 확보나 합리적 효율성은 요원한 문제가 될 수 있다. 예컨대, 국가주도의 교육정책 형성은 특정 지역의 조건이나 학교차와 학생차를 간과할 수 있고, 구체적인 측정가능한 요인만을 강조하고 다른 요인은 무시하게 될 수 있다. 이렇게 학교 간, 학생 간의 차이나 계량화하기 어려운 학교의 풍토와 학생의 개성 등을 동일한 정책적 틀 속에 가두게 됨으로써 권력을 가진 소수집단과 유사한 계층적 특성을 보이는 지역, 학교, 학생의 경우는 그들이 세운 정책에 쉽게 동화되나, 그 외 계층은 소외되는 문제가 생김으로써 종국에는 공공선이나 정책의 효율성 추구가 어려워지게 되는 것이다.

국가를 정책형성과정의 주체로 승인하는 것은 정부가 모든 일에 나서서 해결하지 않으면 안 된다는 국가 중심적 사고가 그 기저에 놓여 있는 것이다. 이는 한국에서 통용되는 교육정책의 개념 속에 이미 자리잡혀 있으며, 공교육체제 형성초기의 교육영역에 대한 국가의 위상이 한국의 식민지배와 군부독재라는 근대사와 맞물려 지금까지 영향력을 지속해 온 결과다. 근자에 특히 교육영역에서 국가 중심적 분배를 강조하는 입장은 공동체주의자들에 의해 표명된다. 문민정부 이후에 등장하는 일련의 신자유주의적 교육정책의 시장논리에 의한 교육논리 잠식이나 사회적 평등과 복지에 대한 무관심에 대한 공동체주의자의 비판은 타당하다. 그런데 공동체주의자들이 국가 중심적 사고틀을 고수하면서 공교육을 배분적 정의를 실현하는 사회적 기제로 파악하고 시장의 실패에 대한 보완을 목적으로 교육에서 국가의 상층위적 존립을 강조하는 것은 재고의 여지가 있다. 그들은 시장에서 낙오된 사회구성원들을 위해 국가가 다양한 분배메커니즘을 마련하는 것, 이것이 교육영역에 국가가 개입하는 이유라고 주장한다. 그러나 그렇다고 국가개입의 강화를 특징으로 하는 공교육체제의 공고화 역시 더 이상 효과적인 사회안전망이 될 수 없다. 복잡하게 분화된 사회는 국가의 상위체제로서 사회 전체를 관장하기에는 역부족인 상황을 초래했다. 게다가 실사 국가가 사회 전체를 관장하는 상위체제로 기능할 수 있다 하더라도, 국가가 주도적으로 모든 것을 이뤄내야만 교육영역에서 평등이 유지되는 것 또한 아니다. 가령 국가에 의해 평등한 대접을 받는 대상은 주로 경제적, 문화적 어려움을 호소하는 대상늘일터 이들에게 국가가 수혜를 베풂으로써 부지불식 중에 빼앗아가는 그들의 권리를 이제는 국가도 인식해야 할 때다. 게다가 국가에 의해 일방적, 일률적으로 베풀어지는

복지정책(교육영역을 포함한)이 오히려 실제 혜택받아야 하는 사람
은 상대적으로 배제하게 되는 경우가 종종 목격된다. Habermas가 여
성정책에서 지적하는 바[17]가 그렇고 장애인정책에서 국가정책을 교
묘히 이용하는 비장애인들이 그렇다. 노인교통수당제도도 저소득층
이나 부유층 노인 모두에게 국가가 일률적으로 동일한 액수를 지급
하다가 2004년부터 겨우 4000원 정도의 차등지급을 하는 등 혼선을
빚는 것도 그 예이다(동아일보, 2005, 5.). 게다가 근대 산업사회에서
달성되지 못해 국가주도적 성격을 확고히 한 보편교육(대중교육)이
지금은 어느 정도 실현된 상태다. 물론 완전한 복지, 교육적 평등까
지 실현된 것은 아니나, 앞서 지적했듯이, 평등의 실현, 복지의 강화
는 이제 더 이상 국가주도로 달성되기 어렵다. 오히려 형평성의 진
정한 실현은 모든 사람들의 정책참여, 입법과정에의 참여 속에서 이
루어질 수 있으며, 이를 제도화하여 감독, 조언하는 것이 국가가 해
야 할 일인 것이다. 즉 교육영역에 관련된 모든 구성원이 동등한 입
장에서 참여하여 공론의 장을 통해 제시하는 안을 국회와 정부는 제
도화된 절차에 맞추어 시행해 나가야 한다. 게다가 국가중심패러다
임은 이제 단순히 문제를 발생시키는 수준을 넘어 더 이상 존립할
수 없는 현실이 되어가고 있다.

　선출된 공직자나 전문관료에게만 '전적으로' 의지하는 것은 비합리
적인 것이다. 그들끼리 그 의미를 정의했던 진보라는 것이 경우에 따

---

17) 여성이 자기결정과정에 의하지 않고, 정부차원에서 일방적으로 이러저
　　러한 정책방안을 제시하는 오늘날의 여성정책을 예로 들고 있는
　　Habermas는 다음과 같이 자신의 주장의 근거를 들고 있다. 일반적으로
　　여성의 동등한 지위를 촉진시키려는 (국가중심적)시도는 종종 다른 범
　　주를 희생하면서 한 범주의 여성(이미 특권을 누리고 있는)에게만 혜택
　　을 주었다. 왜냐하면, 젠더에 따른 불평등은 복합적이고 불명료한 방식
　　으로 다른 소외집단(계급, 연령, 인종, 성적 취향 등)의 구성원들과 연
　　결되어 있기 때문이다(Habermas, 한상진·박영도 역, 2000: 506).

라서는 파국으로 귀착되었고, 훨씬 더 많은 경우에는 사회를 양극화시켰다. 이제 국가와 관련 정치집단의 극단적인 권력의 행사는 교육에 대한 정치적 침해로 간주되어야 한다(윤형식, 1999: 257, Marion Gret & Yves Sintomer, 김택현 역, 2005: 8-9, 반상진, 1995: 126).

한승희(2005: 117)는 이미 한국의 교육체계가 일종의 생태적 복잡계로서의 특성을 획득했다고 보면서, 사회적 설계가 제한적이지만 가능했던 권위주의 국가체제 아래에서도 교육의 큰 축을 개혁해 원하는 결과를 얻도록 조건통제하는 것이 불가능했는데, 이제 민주화, 정치화, 시장화 등 다양화 기제가 작동하고 있는 문민정부 이후의 교육현실 속에서 이 과정을 기계적으로 제어하려는 것은 무모한 일임을 밝히고 있다. 모든 교육정책은 국민 대다수에게 직, 간접적인 영향권 하에 놓인다. 그러므로 결코 장관이나 대통령의 독단으로 이루어져서는 안 된다. 국가는 더 이상 공교육체제를 유지하기 위한 절대유일의 독점적 기관이 아니라는 것을 스스로 인정해 시민사회 혹은 교육영위자에 많은 자리를 내어줌으로써, 그리고 자신의 역할을 제대로 확인함으로써 정당성을 회복해야 한다. 교육영위자 역시, 교육정책형성과정을 포함한 교육영역에서 합의를 이끌어가야 할 것이다. 이런 주장은 혹여 교육영위자들이 이끄는 공론장에 의해 국가가 전복되는 것으로, 그리히에 정책형성과정에서의 또 나른 거대권력의 형성으로 오해해서는 안 될 것이다. 또 신자유주의의 주상저럼 시장의 역할을 확대하고 대신 국가의 역할을 축소시키자는 그들이 부여하는 의미로서의 작은 정부에 대한 바람 역시 아니다. 신자유주의의 작은 정부는 이전에 장악했던 자신의 권한을 교육영역이 아니라 경제영역에 이선시키며, 정부지줄에 상당부분 의지해 온 교육이나 복지부문의 축소를 주장한다. 그러나 교육이나 복지부문은 축소되어야 할 대상이 아니라 더욱 적극적으로, 절차적 참여를 통해 활성화시켜야 할 영역이다. 단지 기존의 공동체주의의 주장처럼 국가가 베푼 시혜 형식으로 복지가 이루어진다면 오히려 복지대상자의 입과 발을 묶는 식의 온정주의적 방식이 될 터이기에 거부되어야 한다는 것이다. 교육, 복지영역의 주체는 그 영역에서 몸담고 살아가는 교육영위자들이며, 자신들의 요구를 스스로, 적극적으로 국가에 요청해야 한다. 그리고 국가는 그들의 요청통로를, 그들의 목소리를 담아 제도화해야 한다. 그래야만 탈현대사회조건 하에서 국민들의 정책에 대한 적극적인 지지와 수용을 이끌어 낼 수 있고 정책추진과 관련된 부작용을 최소화할 수 있을 것이다. 그리고 이를 위해 선행적으로 요구되는 것은 국가 중심적 사고라는 신화를 비판적인 시각에서 객관화시켜 바라볼 수 있는 안목의 형성이다.

## 4. 법패러다임

한국 교원정책 형성과정에서 법의 베, 개정 및 적용과정의 특징은 다음과 같다. 첫째, 법개정이 빈번하게 이루어져 왔다. 둘째, 법개정 논의와 실제 법개정이 이익집단이나 정당, 혹은 교육부관료가 중심이 되어 처리되어 가고 있다. 셋째, 중앙정부 차원에서든, 지방정부 차원에서든 교육영역의 세부항목에 이르기까지 법적, 행정적 규제를 하고 있다. 넷째, 법을 국가중심의 닫힌 체계로 이해한다(표시열, 2002). 기실 법의 정당성이 합법성으로부터 도출될 수 있으려면 법이 자유로운 시민들의 공적 자율성의 행사로부터 나오고, 다시 그 법이 공적 자율성의 충분한 행사를 법적으로 제도화할 수 있어야 한다. 그러나 법을 완전히 닫힌 체계로 보게 되면, 그래서 법이 법을 낳고 법이 법을 정당화한다고 생각할 때는 법의 정당성이 합법성으로부터 나온다는 것은 역설에 지나지 않게 된다(강병호, 1999).

이러한 특징에서 드러나는 한국교육정책 형성과정에서 법의 제·개정 및 적용과정의 문제점과 그 대안을 정리하자면 다음과 같다. 첫째, 정당하지 못한 법의 빈번한 개정은 법에 대한 신뢰를 떨어뜨릴 수 있다. Habermas의 절차주의적 법 이해를 보면, 법은 닫힌 체계가 아니라, 시민들의 공적 합의에 의해 그 형식과 내용이 계속적으로 변형되는 열린 구조다. 그렇다면 법의 빈번한 개정이나 제정이 그다지 문제될 것은 아닐 듯싶다. 언제나 모든 사안에 대해 열려 있기에 개·제정의 횟수는 중요하지 않은 까닭이다. 그럼에도 불구하고, 한국사회에서 교육 관련법의 빈번한 개·제정이 문제가 되는 이유는 개·제정의 주체가 국가라는 점, 교육영위자들의 의견이나 합의는 개입의 여지가 없다는 점, 오히려 개·제정의 목적이 교육영위자의 통제에 두어지고, 그 논리가 정치·경제 논리 일색이라는 점이다. 그러기에 한국사회에서 법의 가변성은 교육영위자의 법에 대한 불신으로 귀결되며, 교육영역의 반민주적 통제를 결과하는 것이다. 그러므로 법의 제정 및 적용과정이나, 입법과정 모두에서 교육영위자들 간의 공론, 합의가 요청되며, 교육영위자들은 정당한 법의 저자이자 수신자로서 권한과 책임을 가져야 할 것이다. 그럼으로써 법 개정의 횟수와 무관하게 법과 법적 규제에 대한 교육영위자의 신뢰가 회복될 수 있을 것이다.

둘째, 법치주의를 국가가 주도적으로 법을 도구화하여 교육영역을 통제하는 것으로 이해함으로써 교육영위자의 자율성을 침해한다. 표시열(2002)에 따르면, 한국법령에는 억압적인 요소가 아직 많다. 억압적인 법체계는 관리본위의 법을 특징으로 한다. 행정부 공무원들

은 전문능력이라는 이유로 폭넓은 재량권이 부여되는 법률을 실질적
으로 자기들이 입법하며, 그 입법과정도 불투명하다. 국민들의 법에
대한 접근이나 요구는 행정상의 편의라는 이유로, 정부의 과중한 부
담이나 불필요한 자원낭비를 방지한다는 미명하에 제한된다. 관존민
비(官尊民卑)라는 오랜 악습과 1960년대 이후의 정부주도의 개발행
정이 한국을 행정규제의 왕국으로 만들었고, 법제정에서 운영과정까
지 국민들의 참여와 접근을 막고 있다. 한숭희(2005: 120－121) 역시
이와 같은 한국의 법문화를 지적한다. 대한민국의 교육은 법률준칙
주의에 입각해서 이루어지는 것이며, 교육법은 암시적으로 모든 교
육은 국가의 직접관리하에 있음을 천명하고 있다. 그는 私人이 교육
을 실시할 경우 국가의 허가 혹은 신고가 필요하며, 따라서 그 이외
의 교육은 이른바 불법이라 규정된다는 사실을 예로 들고 있다. 정
부수립 이후부터 1987년까지의 교육관계 법행위를 분석한 박재윤
(1991)의 연구에 따르면, 대통령에 의한 법행위가 47.7%, 교육부
21.2%, 국회 10.3% 등의 비율로 조사되었다. 그만큼 국가관리 중심
의 억압적 법문화가 교육영역을 포함한 한국사회에 만연해 있다고
볼 수 있다. 박영도(박재윤, 1996: 25－26, 33－34, 재인용)는 현대국
가의 입법과정이 지식을 독점한 관료층에 의해 이뤄짐으로써 헌법과
실제 사이에 괴리가 생기게 되고, 의회는 다양한 민의를 충실히 반
영할 수 없게 되어가고 있음을 지적한다. 역대 교육정책의 특성을
정리하는 신현석(2002: 24)에 따르면, 정책의 집행과정은 우선 법규
와 제도를 정비한 후 정책과제들을 행정계선(교육부→교육청→학교)
을 통해 관료적으로 전달되는 형태를 취한다고 지적하고 있다. 이러
한 한국의 법문화는 교육영역을 통제함으로써 교육영위자의 자율성
(사적 자율성과 동시에 공적 자율성)을 침해한다. 그런데 Habermas
의 절차주의적 관점에 따르면 법치란 국가에 의해 도구화된 규제적

법에 의한 다스림이 아니다. 규제적 법은 법치국가적 권력분립이 해체된 하나의 계기에 불과한 것이다. 그러므로 법치는 그것이 시민사회적 토대 위에서 창출된 의사소통적 권력에 닻을 내릴 수 있을 때, 민주적일 때 정당하다. 그리고 법치국가적 권력분립의 논리는 다양한 담론들과 이에 상응하는 의사소통형태들의 제도화를 요구한다. 제도화된 의사소통의 장은 기존의 전문가문화를 넘어서서, 신중한 태도로 법원의 중요 결정들을 공적토론의 대상으로 만들어야 하는 임무를 갖는다(Habermas, 한상진·박영도 역, 2000: 523 – 525). 법치를 단지 형식적 의미의 법에 의한 통세로 이해하게 되면, 교육문제를 관료들의 시각에서 도구화된 법 매체로 해결하려 하게 되고, 이는 교육영위자들의 인격이나 욕구, 관심, 경험, 삶의 연관들을 무시하여, 그들을 하나의 업적 체계와 경쟁체계로 묶어 나누게 된다. 그렇게 되면 탈인격화가 팽배하게 되고, 아울러 창의력 억제, 책임 붕괴, 복지부동과 같은 현상들이 발생하게 된다고 Habermas는 경고한다(설헌영, 1999: 121 – 124).

셋째, 규제적인 법규에 터해 세부화되어 집행되는 교육정책은 또한 교육현장에 정착되기 어렵다. 이성을 그 본질로 품고 사는 교육현장의 사람들은 일단 외부세계로부터 주어진 틀 속에 갇히게 되면 무슨 수를 써시라도 사신들이 농의한 적 없는 그 틀을 벗어나려 할 것이다. 편법을 써 우회하는, 폭력으로서 무너뜨리든 말이다. 가령 앞서의 사례처럼 학생들의 학업성적평가를 관주도로 그 세부적인 측면까지 규제해 들어가면서 학교를 행정기관화하거나 학생을 창의적이지 못한 학업에로 이끌게 된다거나, 지방교육청에서 교사가 학생을 상대로 가하는 체벌이 위치나 횟수까지 규정힘으로써 학교의 학습분위기 악화, 교사들의 학생 부도덕 행위에 대한 방관, 교사권위의 추락 등 회복하기 힘든 문제들이 연이어 발생하게 되는 것이다. 그리고 교육영역의 세부적인 측면까지 법을 제정해 교육영위자를 통제하는 입법만능주의적 특징은 관료의 정형화된 판단에 의해 교육영역이 재단되는 현상을 초래할 수 있다. 가령 교사들의 도시이동현상의 급증에 대한(이로 인해 퇴직 후 2년 응시제한폐지) 해석을 관료의 정형화된 판단에 맡김으로써 실제 도농 간 근무여건에 대한 현실적 판단이 이루어지지 못하거나, 실업자대책을 통해 서류상 고용자로 평가되는 사람이 실제로는 실업자나 다름없는 경우가 생긴다거나 하는 등 말이다. 또한 불평등한 상황과 불평등한 위치에 있는 사회계층에 대해 과도하게 일반화시키거나 실제 당사자들과는 거리가 먼 거대조직에 의해 중앙집권적인 방식의 수량적 처리가 발생할 수도 있다. 그러므로 강압적이고 규제일변도이며 시민 위에 군림하는 법과 행정에서 벗어나서 합리적 토론을 보장하는 절차로서의 법제도, 그 절차에 따른 입법, 의사소통적 권력에 터한 법 개정 및 적용을 위한 제도적 장치의 마련이 절실히 필요하다.

마지막으로 덧붙이자면, Habermas는 탈현대사회에서는 공적 과정 내부의 연대라는 사회통합적 힘이 더 이상 도덕이나 윤리 같은 것으로부터만 동원될 수 없다고 전제하면서 근대 이후 사회에 적합한 행위규범은 사실적 강제에 의해서 그리고 동시에 정당한 타당성을 통해서 기꺼이 준수되어야 하는 바, 근대의 실정법이 바로 그러한 행위규범이라고 주장한다. 그리고 오늘날 연대의 사회통합적 힘은 다른 사회통합기제인 화폐와 행정권력에 대항해서도 관철될 수 있어야 하는 바, 이 또한 법에 의해 가능할 것으로 보인다. 그리고 복잡성이 높아진 사회에서 도덕적 내용은 법적 규제라는 회로를 통하여 사회 전체로 확산될 수 있다(Habermas, 한상진·박영도 역, 2000: 145-146, 155, 159). 분화된 현대사회에서 교육정책 형성과정이 공적 과정임을 상기한다면 이 과정에서 노정되는 갈등을 조정하는 방법 역시 도덕이

나 윤리적인 차원에 호소하는 것에는 한계가 있으며, 법을 중심 매개
체로 하여, 그것과 상보적 관계에 있는 도덕의 원리를 고려하는 것이
타당할 것이다. 그런데 표시열(2002: 27 - 28)에 따르면, 한국의 법문
화18)는 법보다 도덕의 준수가 더 요구된다고 한다. 국가가 수치심을
피하려는 개인의 도덕성에 기반을 두고 있는 유교적 문화에 지배됨
으로써 도덕성이 제일차적 규범이고, 법은 도덕성을 기대할 수 없는
사람들이 준수하여야 하는 행위의 제이차적 규범으로 본다는 것이
다. 가령 공무원의 뇌물사건이 있거나, 교사의 촌지사례를 접할 때,
국가공무원법에서 규정하고 있는 청렴의 의무에 빈힌다고 처벌을 요
구하기보다는 도덕성 결여를 문제삼는다. 신현직(2003: 82) 역시 이

---

18) 세계의 법계는 대륙법계, 영미법계, 사회주의법계로 분류된다. 대륙법계
는 Rome, German법을 기초로 발전하였으며, 가장 광범위하게 분포되었
고, 성문법주의를 특징으로 하며 추상적 일반 법규범을 해석하는 법학
자들의 역할이 중시된다. 대륙법계 특히 독일에서는 법치주의가 '법률'
에 의한 지배를 의미하였다. 형식적으로 의회에서 제정된 법률이기만
하면 그 내용의 타당성 여부를 묻지 않았으므로 기본권 보장은 장식이
었고, 법에 의한 독재도 가능하였다. 한국외 법계는 대륙법계에 속힌다.
독일의 법체계가 일본을 경유하여 한국에 전수되었다. 독일법의 계수는
법치주의의 의미를 '법률의 지배'라는 형식적 이해로 만들었다. 특히
행정부는 법령에 근거를 두기만 하면 법치주의에 충실하다고 생각하였
기에 해당 법령의 내용이 상위법령, 특히 헌법가치에 일치하는지 여부
의 내용싱의 타낭성은 섬토하시 않았기 때문에 기본권 보장은 허구에
불과하였다. 한국은 전통적인 중앙집권저 정치체계였는데, 대륙법계의
영향, 그리고 해방 후 정부주도의 경제발전 추구로 더욱 능률을 강조하
는 행정국가 형태를 유지하고 있다. 또한 한국은 대륙법계로 성문법주
의다. 성문법은 법의 내용을 비교적 명확하게 하여주고 법체계의 통일
성과 법질서의 안정성을 확보해 주는 장점이 있으나, 법의 내용이 법조
문 형식으로 고정되어 있으므로 사회현실과 기리가 밀어 법 집행에 어
려움이 있다. 또 이러한 이유로 인한 빈번한 법개정 역시 법에 대한 불
신을 초래한다(표시열, 2002: 33 - 34). 우리의 법체계가 독일대륙법의
영향을 받아 왔다는 이러한 사실은 Habermas가 독일 법체계를 대상으
로 법패러다임을 분석, 비판, 대안을 제시하는 바의 한국적 적실성을
보여주기도 한다.

러한 문제점을 지적한다. 그의 주장에 따르면, 공적 기관 중 유독 교육기관에서 법치국가적 권력분립의 원칙이 존재하지 않는 이유는 교육자는 양식이 있어야 한다는 허상, 그중 교육행정가(가령 교장)는 능력과 인격에서 제일이라는 허구가 현실적으로 통용되고 있기 때문이며, 결국 그것은 교육법제의 부실과 그로 인한 교육계의 모순과 비리를 확대재생산하는 터전이 되고 있다는 것이다. 이는 탈현대적 조건하에서 사회통합 혹은 교육공동체 형성의 장애물 중 하나이기도 하다. 그러므로 교육정책의 형성과정이 정당하게 제정된 법에 근거한 절차적 제도에 터해 이뤄질 수 있도록 함으로써 더욱더 다원화될 앞으로의 한국사회에서, 특히 탈현대적 특성이 두드러지는 성장하는 세대와 교감해야 하는 교육영역에서 공동체적 화합을 추구하여야 할 것이다.

한국교육위기 극복을 위해서는 위의 네 가지 교육정책 형성과정에서의 국가주도성 극복을 토대로 교육영역 내부의 의사소통적 연대감의 회복을 통해 가능할 것이다. 상호존중에 입각한 사회적 연대감의 가능근거는 인간이라면 누구나 갖고 있다고 생각하는 이성능력이다. 그리고 인간교육의 방향은 연대감의 확대와 강화이며, 교육의 목적은 합의를 위한 의사소통과정에 성공적으로 참여할 수 있는 개인의 토론능력개발과 그것에 관련된 태도습득에 두어져야 할 것이다.

교육정책은 교육을 위한 정책인가 교육에 대한 정책인가라는 근원적인 물음에도 답하여야 할 것 같다. 교육에 대한 정책이라면 교육영역은 하나의 정책대상으로서 그 자체 자율성을 갖지 못하며, 외부의 처분만을 기다리는 입장에 놓이게 된다. 이 경우 교육정책을 뒷받침하는 논리가 경제논리든 정치논리든 교육영위자로서는 따져볼 여지가 없게 된다. 그러나 교육정책이 교육을 위한 정책이라는 의미를 조금이라도 내포하게 된다면, 교육영위자는 교육정책의 주체로서 정책방향이나 기본 논리, 형성과정에 적극적으로 개입해야 하는 권한과 책임이 생기게 된다. 나아가 교육영역이 국가에 대해 상대적 자율성을 획득할 수 있는 사회문화적 조건의 성숙은 교육위기극복의 근본전제이자 동시에 추구하는 결과로서 요구된다.

# 마치며: 국가와 교육영역의 평화로운 공존을 위해

한국교육정책의 근대사는 짧은 기간 안에 폐지되거나 새로운 정책으로 대치되는 일로 점철되어 왔다. 단순히 사회변화에 맞춘 정책의 변화라고 단정하기는 어려워 보인다. 교육정책의 변화와 맞물리고 있는 상황이 대개 정권교체, 교육부총리(현 교육과학기술부 장관)의 취임, 외국 교육정책 노선의 변화였기 때문이다. 그리하여 한국교육 정책의 수적(數的) 난무와 비일관성, 현장에의 자리매김 부실은 그 원인을 일부 학자들은 외국의 교육제도나 정책의 한국적 토착화의 실패, 정책시행과정의 일관성 결여, 정책결정지의 빈번한 교체, 교육 관련 집단 간의 합의부재 등에서 찾고 있다. 그런데 문제는 최근 들어 불거지고 있다. 교육영위자들이 중앙관료가 공익을 염두에 두고 만들어냈다는 교육정책을 신뢰하지 않는 경우가 생기기도 하고, 새롭 게 등상하는 교육정책에 대해 회의적인 입장을 드러내기도 한다. 그 리하여 이제 한국의 교육정책은 정당성 위기에 직면하고, 상실된 정당성은 사회통합의 문제에까지 이어져 교육공동체가 위기에 처하게 되는 것이다. 그나마 근자에 교사, 학부모의 자생적 모임이 증가하고 있음은 고무적인 일이라 할 수 있다. 왜냐하면 한국교육정책의 정당성 위기의 원인은 민주주의의 공허화에서 찾을 수 있으므로 교육영위자들의 자발적 참여 노력은 교육영위자들과 정부관료의 거리를 좁히고 교육장(教育場)의 비 / 반민주적 허약성을 보충함으로써 정부 행정체계의 정당성을 회복시켜 교육위기를 극복할 하나의 방안이 될 수 있기 때문이다.

요컨대, 한국교육정책 형성과정의 비 / 반민주화는 국가와 개인(교육영위자)의 위상문제, 교육영위자의 참여문제, 교육정책 형성과정의 주체문제, 법패러다임의 문제 속에서 그 실체가 드러난다. 이러한 비 / 반민주화는 교육정책의 정당성 문제, 즉 교육정책가와 교육영위자의 소통의 결여 문제를 초래하여 교육정책이 교육영위자들의 삶의 양태와 부합되지 못하고 교육영역에서 교육영위자들이 제 역할을 수행하기 어렵게 만들며, 종국에는 그들이 교육적 삶의 영역에서 행복 및 비전추구를 곤란케 한다. 이러한 교육의 위기극복방향은 교육정책에 있어 국가중심성의 신화를 극복해 교육정책 형성과정의 실천적 민주성을 회복하는 것이다.

한국교육정책 형성과정에서 민주주의를 정착시키기 위해, 그리고 지금의 교육위기 극복을 위해 몇 가지 제언을 붙이자면 아래와 같다.

첫째, 탈현대적 조건(다원화, 고도 분화)에 부합하는 교육정책개념을 도입해야 할 것이다. 여기에는 포괄적 합리성, 시민사회와 정치경제체제의 협력구도, 국민여론에 대표성 부여, 절차적 참여, 공공성의 진정한 의미 회복 등의 의미가 담겨야 할 것이다.

둘째, 교육정보를 공개함으로써 시민들의 알 권리를 충족시키면서 교육정책에 대한 국민의 불신을 불식시키고, 정부의 국민참여를 위한 제도적 지원과 교육정책 형성과정의 공개와 비판활동의 제도화가 필요하다.

셋째, 민주시민의식을 정착시키기 위한 민주시민교육이 요청된다. 김정래(2001: 105-106)는 한국의 민주시민교육의 역사가 일천한 까닭에 그 내용 면에서 전통적 가치와 덕목이 강조되고, 그것을 근대적 가치와 조화, 발전시키기 위한 시간적 여유와 민주시민의식의 성숙도가 미약함을 지적하고 있는바, 의사소통적 합리성을 활성화하는 민주적 토론절차의 도입으로 정책형성과정을 민주적으로 제도화함으로써 국가 중심의 비민주적 정책형성과정을 극복할 수 있게 될 것이다.

이 밖에도 교육정책에 대한 정당성 논의가 다각도로 이루어져야 할 것이다. 즉 다양한 정책정당성 확보를 위한 방안모색을 통해 한국교육정책을 현장에 구현시키고 한국교육의 위기를 타개할 수 있는 방향을 모색해 보아야 할 것이다.

오늘날 우리는 가치, 사고, 문화의 다원화 및 정보화, 불확실성의 사회라 특징 지워지는 탈현대적 시대에 서 있다. 더불어 문민정부 이후 참여정부에 이르기까지 사회적 민주주의의 분위기는 탈현대직 조건과 맞물려 개인의 자기해방의 욕구를 강화시키고 동시에 충족시킬 수 있는 객관적 조건을 갖추어 놓았다. 근자의 교육정책에 대한 불신과 회의, 교육영역 곳곳에서 벌어지는 교육위기저 현신들은 이러한 시대적, 사회적 조건 및 인간의 자기해방 욕구에 충분히 대응하지 못한 결과이다. 더 이상 국가라는 거대주체가 교육영위자들을 객체로 삼아 교육영역에 개입하는 것은 온당치 않으며, 또한 국가능력의 과부하로 인해 국가 개입 자체에도 한계가 있다. 게다가 교육영위자인 개인은 스스로 삶의 주인으로서 교육정책 형성과정에 참여하고자 하는 능력과 욕구가 갖춰져 있다. 국가와 교육영역은 이제 서로 간의 역할분담과 수평적 공존을 도모해야 할 것이며 양자 간의

상대적 자율성을 회복해야 할 것이다. 종국에 국가와 교육영역은 각
각 독립된, 그러나 조화로운 전체가 되기 위해 기존의 역할들을 비
판적으로 되돌아보면서 제 몫, 제 자리를 찾아야 할 것이다.

# 참고문헌

강경석 · 최운영(2000). 교원정년 단축정책 분석을 위한 교육정책 결정과 정 모형 연구. **인하연구. 31집.** 115 – 132.

강병호(1999). 하버마스의 토의적 민주주의 이론: 민주주의의 규범적 의 미와 자유주의와 공화주의의 화해. **철학논구. 제27호.** 247 – 278.

김신복 외(1981). **개발계획론.** 서울: 서울대학교 출판부

김신일 · 박부권 편(2005). **학습사회의 교육학.** 서울: 학지사.

김안나(2005). **세계화에 따른 고등교육정책의 변화와 대학의 갈등.** 한국 교육정치학회.

김영평 · 최병선 편(1993). **행정개혁의 신화와 논리: 점진적 개혁의 지혜.** 서울: 나남.

김용일(2001). 교육정책에서 교육적 가치 정립의 과제. **한국교육. 28(1).** 283 – 301.

김윤섭(2003). 교육정책 결정모형설정에 관한 이론적 고찰. **인문사회과 학연구. 제9호.** 87 – 119.

김정래(1998). 교육권의 철학적 분석 및 정당화. **한국교육. 25(1).** 23 – 63.

김정래(2001). 새로운 교육패러다임에서 민주시민교육의 상황분석. **한국 교육. 28(1).** 99 – 119.

김종철(1982). **교육행정의 이론과 실제.** 서울: 교육과학사.

김현희 · 윤영민(1999). 정보사회의 정치양식: 대화민주주의의 가능성. **한 국사회과학 21(2 · 3).** 225 – 256.

김혜영(2002). **수석교사제 도입에 관한 논의과정 분석.** 미출판 석사학위 논문. 서울교육대학교 대학원.

김환식(2005). **과도, 과다, 급격한 계획이 초래한 무질서와 혼란, 새로운 질서를 형성하기 위한 진통인가?.** 한국교육정치학회.

민경훈(2000). **정책결정과정에서 정책결정 주체의 영향력: 지방교육자치제 도를 중심으로.** 미출판 석사학위논문. 서강대학교 교육대학원, 서울.

박재윤(1991). **교육조직에 관한 법운영실태연구.** 미출판 박사학위논문. 고려대학교 대학원, 서울.

박재윤(1996). 교육입법의 과정. **한국교육. 23(2).** 25－47.

박춘서(2002). 하버마스의 커뮤니케이션 행위의 합리성과 공론영역의 전 개 장으로서 생활세계. **지역문제연구. 제7집.** 357－377.

박호근(2000). **한국교육정책과 그 유형에 관한 연구(1945~1979).** 미출 판 박사학위논문. 고려대학교 대학원, 서울.

백승관(2001). 교육정책 수용영역에 따른 참여와 평가 간의 관계. **교육 행정학연구. 19(2).** 327－349.

백현기(1964). **교육정책연구.** 서울: 교육자료사.

반상진(1995). 교육의 정치성에 따른 발전적 교육통치체제의 구도. **교육 정치학연구. 2(1).** 121－151.

신현석(2000). **한국의 교육개혁정책.** 서울: 학지사.

신현석(2002). **국민의 정부 교육개혁 평가.** 「한국 교육정책 평가와 차기 정부의 과제」. 한국교원단체총연합회.

신현석(2003a). 공교육 위기현상의 분석과 정상화를 위한 전략적 구상. **한국교육. 30(1).**

신현석(2003b). 한국 교원정책의 발전 구상과 과제. **한국교육. 30(3).**

신현석(2005). **교육개혁의 이념과 철학: 교육개혁 10년의 반성과 과제.** 한국교육정치학회.

신현직(2003). **교육법과 교육기본법.** 서울: 청년사.

심인선(1992). **한국 교육정책결정과정에 대한 비판적 고찰: 독학에 의한 학위취득제도를 중심으로.** 미출판 석사학위논문. 이화여자대학교 대학원, 서울.

여건종(1996). 공공영역. **현대 비평과 이론. 12호.** 286－296.

오석환(1998). **교육정책결정과정에 관한 연구: 연합모형에 의한 교육재 정 GNP 5% 확보방안의 분석.** 미출판 석사학위논문. 서울대학교

행정대학원.

우리사상 연구소 편(2001). **우리말 철학사전 1.** 서울: 지식산업사.

윤형식(1999). 토의민주주의와 시민사회 ― 참여민주주의의 논의이론적 정초에 관한 철학적 성찰 ―. **평화논총. 3,1.** 243 ― 266.

이광식(1999). **대학입학전형정책 결정과정에 관한 분석연구.** 미출판 석사학위논문. 전남대학교 대학원, 광주.

이명균(1993). **교육정책결정과정의 참여주체에 관한 연구.** 미출판 석사학위논문. 연세대학교 대학원, 서울.

이영희(2005). **정의론.** 서울: 법문사.

이일용(2005). **교육개혁 10년: 성과와 과제 ― 초, 중등교육분야의 개혁 ―.** 한국교육정치학회.

이재정(2004). 자유주의와 공동체주의의 역사적 실천성 ― 하버마스와 푸코를 중심으로 ―, **대한정치학회보. 11(3).** 169 ― 191.

이종태(2001). '학교교육 위기'의 성격에 관한 일 고찰. **한국교육. 28(2).** 229 ― 246.

임연기(2005). **초, 중등교육개혁 10년: 성과와 과제에 대한 토론.** 한국교육정치학회.

임천순(2005). **교육개혁 10년의 진단과 과제.** 한국교육정치학회.

장덕호(1998). **교육부의 조직환경과 교육정책결정에 관한 연구.** 미출판 석사학위논문. 서울대학교 행정대학원.

장상호(1986). 교육학의 비본질성. **교육이론. 1(1).** 5 ― 53. 서울대학교 교육학연구회.

전석환(2004). 공론장을 통해 본 현대교육의 의미 ― 하버마스의 『공론장의 구조변동』을 중심으로. **교육철학. 제31집.** 129 ― 150.

정동훈(1999). **우리나라 중등교원 양성, 임용정책의 평가연구: 문민정부의 교육개혁조치를 중심으로.** 미출판 박사학위논문. 성균관대학교 대학원, 서울.

정정길(1988). **정책결정론.** 서울: 대명출판사.

정태범(1999). **교육정책분석론.** 서울: 원미사.

조성일 · 안세근(1995). 교육정책결정 과정에 관한 분석연구. **교육논집.**
**제19집.** 31-47.

조주호(2000). 지방교육자치제에 관한 입법과정연구. 미출판 박사학위논
문. 인하대학교 대학원, 인천.

주삼환(2001). **역사적 전환시대의 한국교육.** 서울: 동문사.

천세영(2005). **세계화에 따른 고등교육정책의 변화와 대학의 갈등.** 한국
교육정치학회.

최돈민(1998). **교육정책 결정 및 추진과정에서의 사회적 이해관계 분석:**
**고교평준화 정책을 중심으로.** 미출판 박사학위논문. 한양대학교
대학원, 서울.

표시열(2002). **교육정책과 법.** 서울: 박영사.

한승희(2005). **문민정부 교육개혁과 평생교육.** 한국교육정치학회.

한상진(1986). **교육정책결정의 현상학적 해석.** 미출판 박사학위논문. 동
국대학교 대학원, 서울.

한준상(2003). **이교육 ─ 우리교육의 지평을 찾아서 ─.** 서울: 아침이슬.

홍성훈(1996). **대학자율화 정책결정과정에 영향을 미친 요인연구.** 미출
판 석사학위논문. 서울대학교 행정대학원.

황석근(1999). **교원정년단축 정책의 의제형성 및 결정과정분석.** 미출판
석사학위논문. 홍익대학교 교육경영관리대학원, 서울.

동아일보 2005년 5월 7일자.

Gret, Marion & Sintomer, Yves 김택현 역(2005). 새로운 민주주의의 희
망. 서울: 박종철 출판사.

Habermas, J.(2000). Faktizitat und Geltung: Beitrage zur Diskurstheorie des
Rechts und des demokratischen Rechtsstaats, 한상진, 박영도 (역).
**사실성과 타당성: 담론적 법이론과 민주주의적 법치국가론.** 서울:
나남출판.

Rawls, John(2003). A theory of justice, 황경식(역). **정의론.** 서울: 이학사.

Dror, Yehezkel(1983). Public Policy Making Reexamined. New Brunswick:
Transaction Inc..

Fowler, F. C.(2004). Policy studies for educational leaders－An Intro-
duction(2nd ed.). New Jersey: PEARSON.

Lasswell, Harold D. & Kaplan, Abraham (1970). Power and Society.
New Haven: Yale University Press.

# 색 인

박준형　•약　력•

광주교육대학교 교육학과
고려대학교 교육대학원 교육행정전공 석사
고려대학교 대학원 교육학과 교육학 박사

현) 고려대학교 강사(2006~)
현) 고려대학교 교육문제연구소 연구조교수(2007~)

## 한국교육정책 형성과정에서의 국가주도성에 대한 비판적 고찰

- 초판 인쇄　2008년 2월 29일
- 초판 발행　2008년 2월 29일

- 지 은 이　박준형
- 펴 낸 이　채종준
- 펴 낸 곳　한국학술정보㈜
　　　　　　성기노 파주시 교하읍 문발리 513-5
　　　　　　파주출판문화정보산업단지
　　　　　　전화　031) 908-3181(대표) · 팩스　031) 908-3189
　　　　　　홈페이지　http://www.kstudy.com
　　　　　　e-mail(출판사업부)　publish@kstudy.com
- 등 　 록　제일산-115호(2000. 6. 19)
- 가 　 격　16,000원

ISBN　978-89-534-9303-2　0 (Paper Book)
　　　　978-89-534-9304-9 98370 (e-Book)